When the Adults Change,
Everything Changes
Seismic Shifts in School Behaviour

子どもは罰から学ばない

ポール・ディックス［著］
森本幸代［訳］

東洋館出版社

友人ベン・ファーネルに本書を捧げる。
とりとめのない会話も、沈黙の時間も心地よかった。
君のことは、ずっと忘れない。

子どもは罰から学ばない　目次

はじめに……10

CHAPTER 1

目に見える一貫性と思いやり

子どもを温かく出迎える……20
ファンタスティック・ウォーキング……22
校内見学なしでは誰も校長に会えない学校……24
全員で取り組むということ……27
一貫性が崩れるとき……28
学校を崩壊から救ったもの……31
教室で取り入れるには……34

Column 1
「これが私たちのやり方です」……37

CHAPTER 2

感情に流されない学級経営

そのやり方は正しいのか……43
自分を顧みる……46
罰の重さについて……49
表彰掲示板の力を借りる……50
行動成績表の功罪……52
トークンエコノミー法の課題……56
100万ポイント！……59
ロバートとの出会い……60
教室で取り入れるには……65

Column 2
熱心過ぎる人……69

CHAPTER 3

気にかけ続ける

ものでつる……75
小さなことの積み重ね……77
レオンの話……78
期待は高く……82
「愛情」という通貨……83
いいねカードの威力……84
いいねカード：こういうパターンもある……86
プリントについて……89
「仲間だと示そう」……92
教室で取り入れるには……94

Column 3
目立たない子にスポットライトを当てる
ホットチョコレート・フライデー……98

CHAPTER 4

安定感のある大人

感情的な教師にかかるコスト……107
ベテラン教師が安定感の大切さについて
教えてくれること……108
自分のクラスの子どもは自分で指導する……109
安定感は懲罰に勝る……110
自信がなくても、あるようにふるまう……113
大人の方が守れないルール……116
教室で取り入れるには……119

Column 4
教育省にて……122

CHAPTER 5

学級経営の要になる習慣をつくる

行き過ぎた習慣化……129
悪夢のサーカス……131
基本になる習慣……133
きまりの新しいあり方……143
遅刻問題を解決したシンプルなきまり……144
教室で取り入れるには……148
Column 5
天賦の才能に見えるもの……153

CHAPTER 6

生徒指導の台本をつくる：意表を突いた愛と思いやりの力

「フリースタイル生徒指導」？……159
30秒の介入……162
30秒でできる生徒指導の台本……167
毅然とふるまうこと……168
最高のスタートを切る……174
むずかしい案件……175
教室で取り入れるには……179
Column 6
懲罰式に関する矛盾……183

CHAPTER 7

罰への依存が社会を形づくる

懲罰至上主義 …… 188
教師の言い訳? …… 190
反抗的な態度に反応しない …… 195
隔離ブース …… 198
大人の欺瞞 …… 200
段階的指導について …… 202
課題を出す …… 205
都市部の大規模中学校で居残りを廃止してみたら …… 206
教室で取り入れるには …… 208
Column 7
ヤギを使った指導 …… 212

CHAPTER 8

問題を解決し信頼関係を修復する対話

面談 …… 218
内省を促す5つの問いかけ …… 221
小さい子との対話 …… 226
諦めない教師になる …… 228
教師も謝る …… 232
停学の本質を考える …… 233
教室で取り入れるには …… 235

CHAPTER 9

ルールに従う子、人に従う子

怒りと心の傷を抱えている子ども …… 240
むずかしい指導をするときに気をつけること …… 243
トラウマとアタッチメントについて …… 255
代替教育施設から学ぶ …… 257
障害のサイン？ …… 260
むずかしい問題を保護者と話すとき …… 262
教室で取り入れるには …… 264

CHAPTER 10

それでいいのか、指導方針！

自分なりの指導方針をもつ …… 271
〝戒律〟と呼ばれている規則 …… 272
多過ぎるきまり …… 275
準備、敬意、安全（RRS）の力 …… 282
「それぞれの裁量に任せる」のは危険 …… 284
連帯責任 …… 284
懲罰式に伴う経済的コスト …… 286
方針は1枚の覚書にまとめる …… 287
グレーのスーツを着た悪魔 …… 289
教室で取り入れるには …… 291

CHAPTER 11

1ヶ月の魔法

目標は毎日見る……297
挨拶……299
「もっと罰を！」という声が聞こえたら……303

結びに……308
謝辞……309
著者について……310
訳者紹介……311

はじめに

教師は生徒指導や子どもの行動支援で苦労しているにもかかわらず、頼れるものは限られている。研修はOfsted〔イギリスの学校評価機関〕を意識した〝成果〟やデータ分析に重点を置いたものばかり。昔からある教育方法論の焼き直しと、目まぐるしく変わり続ける方針、求められる成果の間で板挟みになっている。誰に聞いても、実戦的な訓練が足らないと答えるだろう。

教師が本当に求めているのは、一貫性に欠ける膨大な量の斬新な取組や、自分のイメージアップしか考えていない政治家から押しつけられる、失礼なほどおざなりな提案などではない。薄っぺらいチェックリストやたった30分の研修では解決できない問題に対応するトレーニングが必要なのだ。それも、教師を軽んじ、無視し、〝成果〟が唯一の目的だと教えるようなものではなく、頻繁にアップデートされ、現実の問題を解決できる効果的なものが。

学力向上を追求するあまり、多くの学校では子どもの人間的な成長を促す指導がおろそかになっている。その上、教師と子どもの分断が進み、各種問題と相まって状況は深刻だ。子どもが〝成果物〟と見なされているため、校長は往々にしてOfstedの査察官から問題を隠さざるをえず、学級担任は助けを得られないまま孤立している。中には子どもを数字だけで測ることを拒む教師が、子どもに対する愛情から自発的に行う指導だけに頼り切っている学校さえある。経費削減がうたわれた結果、子どもの人間的成長に対する投資の重要性が軽視されるようになったのだ。今や数字で測れないものは、価値がないとみなされる。しかしつい最近も、プールで溺れる子を助けた体育教師や、暴れる子どもを静かに諭す支援員、父親が収監されたばかりの子にカウンセリングをする教師の姿を見た。これらも立派な〝成果〟ではないのだろうか。

同時に生徒指導や行動支援の概念が変わりつつあるのも事実だ。いわゆる〝懲罰式支持派〟は劣勢になり、彼ら自身も自分たちがマイノリティーになっていることを自覚している。今の子どもは大人のひどい扱いを容認しないし、保護者も無意味な居残りや退学以外の対応を求めている。

20年前は教師が子どもの胸ぐらをつかんで壁に押しつけていても、誰も疑問を感じなかった。しかし今ならその教師は逮捕されるだろう。10年前でも、居残りを撤廃して対話主導の生徒指導をすると言ったら、鼻であしらわれていたと思う。しかし現在は、アメリカのボルチモア州にある学校が居残りの代わりに瞑想を導入したことが話題になり、関心と注目を集めている。[1] 潮流が変わっているのは明らかだ。今、子どもをムチで打っていた時代を想像するとゾッとするように、あと20年もすれば、現在の隔離ブースへ閉じ込める指導や居残り、官僚的な退学処分が驚愕の対象になるのではないだろうか。

そして、教師に対するあからさまな敬意の欠如は、欲にまみれた政治家や傲慢な査察官、そのほか、世間から注目を浴びるために教師を食いものにする、汚い考えをもった人たちが扇動している。そのような大人の声が、子どもたちの教師を見る目や教室でのふるまいに影響を与えている。教師は尊敬され、賞賛されるべきだ。もっと教師に投資すべきだ。ますます深刻化する目の前の問題に対処するために、教師は今以上に訓練を受けて準備する権利がある。

とはいえ、テクニックの習得だけで子どもの行動を変えられると考えるのは早計だ。優れた指導や子どもとの信頼関係は、スキルだけでは構築できない。行動管理ソフトの導入や、学校を「アカデミー」と呼ぶだけで、すぐに子どもたちが変わるわけでもない。大切なのは、一時的な戦略ではなく、文化として根付くことだ。健全な校風をつくることがきわめて重要で、学校の風土さえよければ、特別なものは必要ない。そしてその文化は、私たち大人のふるまいが形成するものなのだ。

1　D. Bloom, Instead of Detention, These Students Get Meditation〔居残りの代わりに瞑想を〕, CNN (8 November 2016). http://edition.cnn.com/2016/11/04/health/meditation-in-schools-baltimore/.

凡例

（1）訳注は〔 〕、原注は脚注に示した。
（2）登場する人物の役職などは原書刊行当時のものになっている。
（3）学年はイギリス式で表記する。

CHAPTER 1

目に見える一貫性と思いやり

もう生徒指導の特効薬を待つのはやめませんか？　そんなものは、いつまでたっても出てこない。答えは私たち大人が握っている。長期的に見て子どものためになるシンプルな方針をひたすら実践する。その揺るぎない姿勢が子どもを劇的に変える。そのために努力する価値は十分にある。子育てと一緒だ。よくできた保護者の基準はいつも変わらず、特定の言動に対して同じ反応をする。その態度は毎回終始一貫していて矛盾したところがなく、予測可能な安心感がある。

教育の現場でも一貫した指導が求められている。一部の教師が管理職ににらまれてもその必要性を訴えている通り、子どもたちが安心して学校生活を送るためにも、ブレのない指導が必要だ。しかしほとんどの教師は、年度初めに校長から計画書を渡され、時間厳守の推進や持ちもの検査、危険思想の取り締まりをすることが「一貫した指導」だと思っている。そして「ゼロトレランス」のように極端なモットーを掲げて教師と子どもを対立させた挙げ句、数日後には大変過ぎると諦めて、一連の大がかりな取組は失敗に終わる。

荒れた学校に落ち着きを取り戻すためにも、よい学校がさらに優れた学校になるためにも、全体で一本筋の通った方針が必要だ。それは、治安の悪い地域にある学校で施行されているような、子どもの成長を阻む抑圧一辺倒のシステムではなく、彼らの人間的成長を育む基盤となるような指導でなければならない。「ゼロトレランス」のようなマッチョなものではなく、子どもに対する思いやりに根ざした一貫性であるべきだ。

一口に教師といっても、私たちはそれぞれ異なるバックグラウンドと教育哲学をもっている。会議では全員が口をそろえて、「そうだ！　私たちは一貫した指導をすべきだ！」と言うかもしれない。しかし私たちの中にある一貫性のイメージは、人によってバラバラなのだ。

当然のことながら、多忙な教師は上からおりてくる取組案を非常に厳しい目で見ている。「半年後もこれを続けているだろうか」と自問し、続けられないと判断した場合は、適当なところでうなずいて同意はするものの、通常業務を続ける。その取組が継続できると判断したときだけ、心から賛同して変化を受け入れ、自分のあり方を変えてでも実践するのだ。

子どもの問題行動が多い学校にも一貫性はあるだろう。しかしそれは屈折した一貫性だ。子どもの問題行動に絶え間なく打ちのめされた結果、教師が卑屈になり、お互いをかばい合うようになっている。職員室に保身の空気が立ち込めているような学校では、安いインスタントコーヒーが絶望した彼らの慰めになっている。

私が初めて常任の正規教員として着任した日、職員室にいる私の隣に副校長が座った。彼に言われた最初の一言は忘れられない。「ポール、君はやる気があって、見ていて気持ちがいい。だが悪いことは言わない。諦めろ」。驚いて理由を尋ねると、「ここに30年いるけど問題はずっと同じ。子どもと、その家族と養育環境だ。君には変えられない」と言うのだ。幸い私はそういう言葉に耳を貸さない性格なので、その考えが間違っていることを証明しようと思った。

まず教職員の間でよい一貫性を形成して可視化しないと、悪い慣習が増殖する。そうした学校では、職員室に「泣かせた子どもの数」という表を貼ってあったり、罰という無意味な制裁をくり返したり、子どもに敵意をむき出しにしたりするなど、非常に攻撃的で虐待のような指導をしているところまである。教師がいら立ってこのようなことをするのは、強制と威圧によるゆがんだ一貫性で、残酷なだけでなく教育の邪魔になる。

人間には誰しもこうした弱さがあるが、それに加えて、教師に課せられた大量の取組と、常に変わり続けるカリキュラムも、一貫した指導をはばむ要因になっている。「何だかよさそうだ」という理由だけで取組を増やすと、学校経営はそれに大きく左右されてしまう。素晴らしいアイデアも、無数にある他の案の中で埋もれてしまうのだ。そうして結局はOfsted査察官の査察項目を基準に取組が実施され、そこである程度〝成果〟が出ていればよいという考え方がまん延する。どんな取組も継続して行えないから、本当に優れたものになるまで磨かれるものはほとんどないといっていい。

中にいる人の行いがよくなると、その学校もよくなる。私たちはよい行いを可視化することが文化となるように心がけて、目に見え、耳に聞こえるかたちで一貫した指導を毎日欠かさず継続する必要がある。小さくても大人の言動に目に見える変化があれば、子どものふるまいは見違えるほど変わる。大切なのは、「一時的な感情に気をとられず、先に行動を正せ」というメッセージを大人が態度で示すことだ。その一貫性を欠いていては、教師や子どもも、学校も変わらない。

一貫した指導方針を決めて継続して取り組むことは、なかなかむずかしい。まずはほこりをかぶったアイデアたちを吟味して、簡単に実践できるものを選ぼう。次にルールを3つに絞り込む。一貫した指導をする上で、方針の簡略化は欠かせないステップだ。この本を10章まで読んで、今の指導方針がうまくいっていないと思ったら、ルールを3つに減らすことから始めてほしい。それなら誰でも簡単に覚えられるので、みんながそのルールを意識した指導をするようになり、一貫性が強化されるはずだ。

そして罰則は不要になり、これまで授業の準備時間を圧迫していた、処分の手続きにかかる官僚的な事務作業がいらなくなる。われわれ教師の合意に基づいたシンプルな指導方針を決め、それを徹底的に追求することが、学校全体の指導を成功させる秘訣だ。

子どもを温かく出迎える

まずは一番身近なこと、子どもの教室の入り方から統一していこう〔イギリスでは子どもが教師のいる教室に移動する〕。ただ教室に入るという基本的な動作でさえ、教師によってやり方がまったく違うことは、周りの人に聞いてみればすぐにわかる。教室に入る前に子どもを並ばせたい人がいれば、ただ教室に入ってくれればいいと思っている人、必要なものを机の上に準備しておいてほしい人、何もせず待っていてほしい人、椅子の後ろに立って待っていてほしい人、すぐ授業が始められる状態にしておいてほしい人もいる。教室に入るという最初の動作から、教師によって子どもに求めるものが違うのは問題だ。

本来単純なことをわざわざ複雑にするのはたやすい。でも、子どもたちが各教師の好みを覚えて、移動の度に教室の入り方を気にする必要はあるのだろうか。間違えたら怒られるという不安は、学習への集中を妨げる。

何事もシンプルなのが一番だ。朝の登校時間や授業の前、教師が教室の入り口に立って、自宅で大切な人を迎えるように、握手で子どもを出迎えてみよう。家でソファに座ったまま客人に「入って！」と叫ぶ人はいない。きちんとマナーにのっとって、人を出迎えるのではないだろうか。相手を気遣う言葉をかけたり、褒めたりして、温かく迎え入れるのではないだろうか。

来年度、学校中の教師が子どもを温かく出迎えるところを想像してみてほしい。校長と副校長は毎朝校門で子どもを出迎え、主任教諭は校内に目が届く場所にいる。全教室の入り口には各教科の教師がいる。学校中のすべての大人が子どもを握手で迎え、目に見える思いやりと熱意を示しているのだ。廊下を見渡すと、全職員が同じことをしている姿が見える。

それまでみんながぼーっとしたままバラバラに来ていたことが信じられないだろう。子どもを温かく出迎えるようになって、子どもたちや彼らを取りまく環境、廊下でのふるまいにはどんな変化があるだろうか。その影響は地域にまで広がっているだろうか。保護者がその効果を話したり、他の学校や地方教育当局、国会議員が見事な一貫性を見に来たりしているかもしれない。または、子どもの遅刻が減り、教師は同僚の支えを感じ、低学年の子は以前より安心しているのではないだろうか。

ファンタスティック・ウォーキング

イギリスの小学校の校舎は、デザイン性を無視した1970年代のひな形を元につくられたところが多く、つくりはどこもほとんど代わり映えしない。イングランド北部にある小学校に行ったときも、よくある小学校だと思った。しかし中に入ってみると、どこにでもある平凡な小学校ではなかったのだ。とても感じのいい校長に案内されて廊下を歩いていると、向こうから歩いてくる1年生（6歳）の男の子に目がとまった。腰の後ろで両手を握りしめて背筋を伸ばし、胸を張ってあごを上げて大股で歩いている。一瞬「えっ？」と思ったものの、ひょうきんな子がふざけているだけだろうと思い直し、彼のことには触れなかった。

角を曲がると、今度は体育の授業に向かう4年生（9歳）のクラスとすれ違った。どの子もさっきの子どもと同じように、腰の後ろで両手を握りしめて背筋を伸ばし、胸を張って誇り高くあごを上げて大股で歩いている。

そこでこの歩き方が学校の慣習だと気づいて校長に尋ねたところ、「ああ、あれはファンタスティック・ウォーキングです」と誇らしげだ。思わず「ファンタスティック・ウォーキング？　もしかしてここはカルトの…」と言いかけると、校長は慌てて否定し、詳しく説明してくれた。「ここでは、ああやって歩くんです。私が校長に就任したとき、子どもは乱暴に押し合って歩いていて、特に廊下はひどいものでした。大規模な移動のときは低学年の子がケガをしたりして、移動自体が一苦労だったんです」（そう校長が言い終えた瞬間、職員室から3人の先生が完璧なファンタスティック・ウォーキングで出てきた！）。

移動時の問題を解決するために、校長が提案したのがファンタスティック・ウォーキングだ。子どもたちは愛とユーモア、学校の誇りを表現できるその歩き方をすぐに気に入り、教師もファンタスティック・ウォーキングが好きになった。保護者も一歩校内に入ると、同じ歩き方をする。この学校の職員は、他校を訪問するともの足りなさを覚え、戻ったときに「よその学校は一体感に欠ける気がする」と言うそうだ。彼らが自分の学校に安らぎを感じていることは明らかだった。

この学校では、ファンタスティック・ウォーキングという優しさと同意に基づいた一貫性が目に見える形で実践され、みんなに安心感を与えている。手本となる大人が常に同じ歩き方をしているため、どのように歩くことが望ましいのか一目瞭然なのだ。だからといって他の学校もファンタスティック・ウォーキングを取り入れるべきだというわけではないが、この取組から学ぶところはある。あなたの学校には、目に見える一貫性があるだろうか。まだないのであれば、どんな一貫性を築けそうだろう。それは愛から生まれたものだろうか。それとも誰かや何かを罰するようなものだろうか。

もちろん、攻撃的な懲罰式指導に一貫性をもたせることはできる。例えば、廊下で走ったり押し合ったりしている子を、昼休みの間教室にひとりで残す。校内に「走らない」という貼り紙をしたり、違反者用に地下室を掘って居残り収容人数を増やしたりすることもできる。子どもと対立し、信頼関係を壊してでも数週間罰を与え続ければ、子どもたちは廊下を行儀よく歩くようになるだろう――少なくとも大人が見ているときだけは。

でも、愛情で子どもを成長させられるのに、どうして罰を与える必要があるのだろう。優しさに基づいた大人の一貫性が目に見えれば、子どもの行動は素晴らしくよくなる。

校内見学なしでは誰も校長に会えない学校

「明日校長と会うお約束をしております。11時にお伺いすればよろしいですか?」

「あの、面談は11時からですが、校内見学のため10時半にお越しください」

「見学?」

「はい。どなたも校内見学なしでは校長に会えません」

これは代替教育施設〔何らかの理由で通常の学校や特別学校（special school）に通っておらず、適切な教育を受けることができない義務教育段階の子どもたちのための施設〕に行ったときの話だ。私は以前から代替教育施設の学校経営に興味があり、会議や昼食の席でもそのことを口にしてきた。そしてやっとある学校から招待され、奇跡的に訪問が許されたのだ。校内見学なしでは誰も校長に会えない学校とは、何とも面白そうだった。

私は校長か保護者会の方、でなければ副校長が待っているだろうと思いながら学校に到着すると、受付で待っていたのは8年生（12歳）と11年生（15歳）の子どもだった。2人は自分たちが校内を案内すると言って、最高の学校案内をしてくれた。2人とも礼儀正しく落ち着いており、説明も上手で、私はすっかり感心した。時間の管理もすばらしく、校内見学の後、私たちは校長室でお茶をいただき、それでも校長が来るまでに15分も余裕があった。

この最初のやり取りだけで彼らの教育方針がはっきりとわかり、本当に素晴らしい教育をされていると思った。他の学校でも子どもが用事を頼まれたり、受付に座っていたりすることがあるが、ものすごく退屈そうに地理のプリントに落書きしていることが多い。

「校内見学なしでは誰も校長に会えない」というのは、その学校が誰に対しても一定の方針をもっていることを最初から表明する姿勢の表れだ。

教師がもつ影響力について何度もくり返し引用されているハイム・ギノットの言葉「私は恐ろしい結論に達した。私はクラスを左右する決定要因だ」[1]〔訳者にて訳出〕は真実で、仕事の前などに必ず読むべき言葉だ。しかし、自分の言動が子どもに及ぼす影響力を認識している教師が多い一方で、教師間の言行の違いがもたらす影響を理解している人は少ないのではないだろうか。確かに、すべての教師がそれぞれ慣れ親しんだ指導法や習慣を変え、学校全体で足並みをそろえるのは大変なことだ。それでも生徒指導や行動支援はチームで行うものであり、学校というチームの規律、文化、姿勢をそろえることは重要だ。子どもにはこんな人になってほしいという共通のビジョンがあるのなら、周りの大人がバラバラのメッセージを発するわけにはいかない。全員で同じメッセージを発し続けることが何よりも大切なのだ。

すべての学校が同じ方針で問題行動に対処している世界を想像してみてほしい。どの学校も同じアプローチをとり、全員が同じトレーニングを受け、合意に基づいた同様の出発点からスタートしている。どの学校、どの教師も共通の基盤をもっている状態だ。もしこんなふうに教職課程で学ぶ内容が統一されていれば、どの赴任先でもスムーズに仕事を始められる。教師はみな共通の課題に挑んでいるにもかかわらず、現状のように研修の中身や指導方針、実践内容に大きな違いがあっては対応がむずかしくなってしまう。

生徒指導は、あまり戦略に重点を置かない方がいい。特に教職課程で戦略や小ワザばかりを詰め込み過ぎると、本来生徒指導は共通の価値観と同意に基づいたチームプレーであるという意識が抜けおちてしまう。

全員で取り組むということ

日々の過酷な職務に疲れ切った同僚も、みんなで取組を決めるときには参加してくれる。ただアイデアを出し合うだけなので、こうした話し合いは心躍る作業だ。しかし、いざ実践にうつると、合意して始めたはずなのに、すぐ離脱する人が出てくる。彼らは様子を見ているのだろう。床に何度も鉛筆を投げて、大人の反応を見る子どもと同じだ。全員で新しいことを始めるむずかしさ――新しい習慣を築けるか否かは、元のやり方に戻る人や、全員で決めた協働の合意を破る人にどう対応するかにある。

私が25歳のとき、当時の勤務校がOfstedから「要改善」との評価を下された。この学校を改革するにあたっては、自分のやり方を変えたくないベテラン勢に随分てこずった。彼らに

1　『先生と生徒の人間関係：心が通じ合うために』（ハイム・ギノット、久富節子訳、サイマル出版会、1983年）

はかなり嫌われ、下手をすると平手打ちされかねない状況だったが、私の考えた取組が成果を出し始めると、ただ嫌われるだけになった。十分満足できる結果だ。

あらかじめ学校全体で協働する合意を得ていれば、非協力的な人にも堂々と話ができる。必要なのは、逸脱行為に異議を唱える勇気だ。当然気分のいいものではないが、取り決めを破る人を黙って見過ごせない。精神的なエネルギーをかなり消耗する、胃の痛くなるような気まずい話し合いを1、2回すれば、意図的に取組を潰そうとする人は止められる（あと、数ヶ月はにらまれる覚悟が必要だが）。

一貫性が崩れるとき

イギリスのある大学で学生指導に関わったときの話だ。そこの学生は昼食を廊下で食べることが日常化していて、危険なだけでなく、毎日大量のゴミが放置されて問題になっていた。大学側は食堂や外で食べてもらいたかったのだが、学生は動かない。何度注意しても言い合いになるので、教職員のほぼ全員が見て見ぬふりをするようになった。まるで学生が主導権を握っているように思われ、彼らは無力感を覚えていたのである。

私は教職員全員から協働の合意を得て計画を立てた。みんなで問題行動への介入スキルを磨き、指導のセリフを決めて行動開始。廊下で食べている学生をみつけたら、誰もが声かけをする。口論を避けるために、長々とは話さない。ただ、「可能であれば別の場所で食べてもらう」「とりあえず声をかけて、『廊下に座らない』という規則を思い出してもらう」という2点を徹底した。

学生からの反論や不適切な反応に備えて、会話を終えるセリフ――状況の悪化を避ける言葉を用意しておいた。例えば、「私は行くけど、廊下に座ったらいけないという規則があるのは知ってるよね？　話を聞いてくれてありがとう」などがそれにあたる。問題に気づいたら立ち止まり、ルール違反であることを学生に思い出させて立ち去ることが重要なのだ。

教職員たちはそれまでも、指導に協力することを拒否していたわけではなく、わざわざ立ち止まってまで声をかけなかっただけだった。決まった言葉で少し注意するだけでよいことがわかると、立ち止まって声をかけるようになった。みんな以前より明るく前向きになり、学長や副学長も進んで参加するようになった。

冬休み明けから取組を始め、最初の数日間は目を見張るような勢いがあった。教職員たちは事前に合意したとおり、誰も廊下で食べる学生を見過ごさなかった。全員が目に見えるかたちで助け合い、穏やかで一貫したセリフを使って学生との衝突を巧みに回避した。問題は急速に改善し、食堂を使う学生が増え、野外スペースも活用されるようになって、みんなは喜んだ。

しかし最初から効果が表れたこの取組も、一度崩壊しかかったことがある。学長と副学長が廊下で食事している学生を見過ごすところを、他の教職員に見られたのだ。些細なことかもしれないが、この一件は大きな衝撃を与えた。管理職が立ち止まりもせず、学生に声もかけなかった。彼らはわかっていて学生を見過ごしたのだ。この話は教職員の間ですぐに広まり、一枚岩が崩れ始めた。「〝上の人間が〟やめたんだから、私もやらない」と、他の人もどんどん離脱し始めたのだ。学長と副学長は「全職員」の中に自分たちは含まれていないと思っていたらしい。幸い、落ち着いて話をするとすぐに態度を改め、目に見えるかたちでよき手本となってくれた。おかげでその取組は復活したが、危うく失敗に終わるところだった。

学校改革を成功させるためには、管理職の姿勢がきわめて重要に思われる。その学校のよしあしを決めるのは管理職だと言う人も多い。上に立つ人間の言動が目に見えるかたちで一貫していなければ、研修直後のメモと同じように、協働の合意は簡単に打ち捨てられてしまう。

学校を崩壊から救ったもの

低所得者が多く暮らす地域にある大規模なK中学校は数年前から不安定な状態で、うまく対処できなかった校長は物議を醸しながら解任され、学校の学力水準も大幅に低下していた。そこで私は新校長から学校改革の相談を受けたのだが、教師と生徒の信頼関係が崩れかかっていることは明らかだった。主任教諭の指示も大半の生徒が無視し、あからさまに舌打ちして立ち去る状態で、生徒指導が機能していなかった。そのため些細な問題でもすぐに校長対応案件になり、順番待ちの生徒が溢れかえって、指導室は怒りを抱えた子どもでいっぱいになっていた。

学級レベルでも一貫性が欠如して手に負えない状態になっており、懲罰式のシステムが混乱をさらに悪化させていた。教師たちはさまざまな方法を試すも空振りの連続。高額な報酬を払って雇った生徒指導の専門家チームと学校管理職、心理学者が毎週集まって、各生徒の問題について何時間も話し合い、レポートを作成してなお、ほとんど成果が出ていなかった。

私はK校の管理職と学校改革を実行にうつすべく動き出した。手始めに既存の指導方針を破り捨てたら、案の定先生たちには驚かれた。そして彼らと指導方針の簡略化に取り組み、無駄なものを削ぎ落として、職員全員で取り組む〝覚書〟を作成。これは、みんなが毎日実践する生徒指導の内容をリスト化して1枚の紙にまとめたものだ。K校にいる大人全員が目に見えるかたちで一貫した指導を行うことが目的で、核になる取組は「校門や教室の前で生徒を出迎えること」にした。

私が初めてK校に行ったとき、フードをかぶった生徒が教師3人に暴言を吐きながら横をとおり過ぎていった。気の短い人であれば、すぐにその生徒を罰して、退学処分会議のために予定を空けるだろう。この校長はそうしなかった。最初から生徒と教師たちを信じていたので、新しい取組にも率先して参加してくれたのだ。校長と副校長は校門の前、主任教諭は廊下、教師は各教室の前に立って、生徒を温かく出迎え始めた。毎日どこを見ても、優しくて熱意があり、積極的な大人の姿が見えるようにしたのだ。みな本気だった。彼らはK校を愛し、問題行動が常態化したことをずっと悔やんでいたのだ。

それから半年経ったころ、Ofstedの査察官チームが来て、K校は改善が顕著であると認められた。保護者や教師、生徒自身も、みんなのふるまいが劇的によくなったと感じていた。その変化は数字にも表れており、遅刻者の数は1学期の5.2％から、3学期には2.9％に大幅減少。停学者の数も半減した。

学校は校長によって大きく変わる。教師のスキルアップを大切にして、全教師を対象にした研修を実施しているかどうか。指導方針や取組の第三者評価にオープンかどうか。そういうことのできる校長は、私にもまともな仕事――指導方針から現場の状況までを詳しく見た上で必要な研修を行う――をさせてくれ、さまざまな教師のニーズに対応した柔軟なトレーニングを実践してくれる。持続性があって効果的な、地道で一貫したスキル向上のビジョンをもっているのだ。

他方、教師のために研修を予約はするものの、開始時に活だけ入れていなくなる校長もいる。参加者からは失望感が漂い、「何が問題かわかるでしょう?」という目で講師を見る。確かに研修は〝行われている〟のだが、教師の心にはモヤモヤが残り、その後は〝急用〟で研修を抜ける人が続出だ。

教師全員が研修に参加し、自由に本音で話し合うのは素晴らしい体験だ。学校の指導方針や現状をふり返り、課題をみつけ、みんなで一貫して取り組むべきところは足並みをそろえ、それ以外は各人に任せる。

K校はそのよい例だ。校長や副校長、主任教諭は我先にと研修の会場に来て、長いスピーチはなし。「また後で」と中座することもなく、他の教師と一緒に研修を受けた。上下関係は横に置いて、同じ目的を共有する仲間として参加していた。そのときの研修では学校の一貫性を（若者言葉を使った1～10段階で）評価して、みんなで進捗状況をふり返り、それまでに効果的だったことや、次に何をすべきかを考えた。そうすることで、数ヶ月前に全員で始めた取組に対する意識がより高まった。

「すべて講師におまかせ」という受身の研修ではない。よい習慣を強化し、シンプルで一貫したことを共に継続していこうという決意を固める機会になったのである。

教室で取り入れるには

実践

まずは1週間、教室の入り口に立って、子ども全員を握手で出迎えよう。大げさにする必要はない。ただ手を差し出すだけだ。握手しない子や、あなたの手に気づかない子もいるだろう。それでも全員に手を差し出してほしい。みんなに会うのが楽しみで、朝早くから待っていたというように（どうせほとんどの小学生は、教師が学校に住んでいると思っている）、笑顔で「おはよう」と挨拶する。1週間試してみて、子どもの反応や態度の変化、行動の変化を記録してほしい。教室の前で子どもを出迎えることが当たり前になっただろうか。今それをやめたらどうなるだろうか。隣のクラスの先生も真似し始めただろうか。子どもの廊下でのふるまいには、どんな影響があっただろう。他のクラスでも同じような変化が起きていることに子どもが気づくまで、どれくらいかかっただろう。

留意点

□取組を始めたら、教師の間で進捗情報を共有しよう。そして、みんなの努力の成果が出ていることを示すデータは、誰でも見られる状態にしておく。取組に関する子どもの肯定的なコメントを、教室の掲示板や職員室に貼るとよい。

□毎日実行できないようなことを一斉に始めて、物事を複雑化するのはやめよう。取組はシンプルに。簡単で覚えやすいのが一番だ。

□みんなで決めたことをわざと守らない人、取組をつぶそうとする人と対話することは大切だが、合意した基準で実行するのがむずかしい人のことは気にし過ぎないようにしよう。努力している人を取り締まるような真似をしたらうまくいかない。

□順調に成果が出ていたとしても油断しない。全員が別のことに目を向けてしまうと、すぐ元の状態に戻ってせっかくの努力が水の泡だ。誰かがずっと見守り続ける必要がある。

ポイント

□笑顔と握手で子どもを出迎えよう（ハイタッチや拳を突き合わせるのではなく、きちんとした握手をすること）。教室の入り口で、これから授業が始まるのだと意識させることが重要だ。

□教師間の合意内容をシンプルにするほど、一貫した行動がとりやすくなる。また、書面化していない合意は、ただの意思に過ぎない。

□どんな規模（学級単位、学年単位、学校単位など）で行うときも、やると決めた3つの取組を必ず目に見えるかたちで継続してほしい。合意にそむいて逸脱する人には、すぐに対処しよう。

□朝会や職員会議で定期的に取組について話し、全員が取り決めを忘れないようにしよう。常に優先順位を維持することが大切だ。

Column 1

「これが私たちのやり方です」

優れた学校は、どこも校舎の入り口に「これが私たちのやり方です」といわんばかりの方針が掲げられています。中に一歩足を踏み入れると、学校のルールが適用されます。地域には地域の、家庭では家庭のルールがあるかもしれませんが、その学校にいる間は学校のルールに従ってくださいというメッセージです。一流の学校には一貫した指導方針があります。それが行動学に基づいたものでなくても、時代遅れでも構いません。大切なのは、教師が一致団結して「これが私たちのやり方です」という態度を示しているかどうかです。

最貧困地域にある学校だろうが、名門私立校だろうが、よい学校には必ず揺るぎない方針があり、優秀な教師は教室の入り口にも同じ看板を掲げています。すべての問題を一度に解決しようとせず、子どもにどのふるまいを教えるか決め、教師が一丸となってその指導にあたることが重要で、保護者に頼る必要はありません。「ここで成功するためには、これらのふるまいを学んでください。やり方は教えます。

教師も同じふるまいをします」という姿勢をはっきりと見せるだけです。どんなに困難な状況でも、このようなやり方で成果を上げている学校を、私は毎日見ています。必ずしも資源の問題ではありません。その学校がどれだけ本気で集中して取り組んでいるか、一貫性を貫いているかの問題です。

――２０１０年11月17日　下院教育特別委員会

学校における子どものふるまいと規律、ポール・ディックス[2]

2　https://www.publications.parliament.uk/pa/cm201011/cmselect/cmeduc/uc516-iv/ uc51601.htm を参照。

筆者が14歳のときに受け取った通知表より

特に問題を起こしていなくても、彼がいないときの方がクラスの雰囲気がいいようです。

CHAPTER 2

感情に流されない学級経営

――本当にシステムを打破したければ、成功してください

パークキャンパス・アカデミー学習相談員、ジャクリーン・リンチ

子どものふるまいに対してその都度感情的になっていたら、よい指導はできない。問題行動を見るとつい怒りたくなるが、それはかえって状況を悪化させることが多い。怒鳴っても子どもは変わらず、往々にして怒鳴られた方は自分を恥じるよりも〝ワル〟としての自信を増して、他の子どもから尊敬されるようになる。厳しい罰も、一時的には問題行動を抑制するかもしれないが、本来必要な、将来も役立つふるまいを学ぶ機会にはなり得ない。

教育現場では、「イースターまで笑ってはいけない（学年の前半は厳しくすべきだ）」という嫌な言い伝えが皮肉屋の間で受け継がれている。こういう、まったく効果のない指導法が幅をきかせ、「〇歳なら善悪の区別がつくはず」（〇には4から18までさまざまな数が入る）という考え方もまん延している。だれが問題児か一目でわかるように彼らの通知表にだけ色を付けたり、問題を起こした子の名前を掲示板に貼り出したりと、危ない習慣を数え始めたら枚挙にいとまがない。安定したクラスをつくるために一番大切なことは、教師が自分の情動に抗う方法を学び、感情に引きずられないようにすることだ。

学級担任をしていると腹が立つことの連続で、誰だって「黙ってやりなさい！」と叫びたくなるときがある。それで問題が解決するなら、この本も私も必要ない。しかしどれだけ大きな声で何度叫んでも効果がないことを、私たちはみんな知っている。

くり返すが、子どもたちの問題行動に対して感情的に対処しても、絶対にうまくいかない。

成果をあげている教師は、自分の気持ちよりも、全員にとって一番よい結果が出せることを優先して合理的な行動をとる。1時間待たされてイライラした保護者も穏やかにいなし、いかにも楽しそうに仕事をしてまわりの空気をやわらげる。彼らは他人がどうふるまうかよりも、自分がどうふるまうかの方が大切だと知っている。

そういう教師は子どもが悪いことをしたとき、あえて冷静で機械的な、感情を出さない反応をする。そういうときの子どもは、教師の感情的な反応を待っているからだ。あなたも自分の感情や情熱、やる気や興奮は、一番効果のあるとき——子どもが期待以上のよいふるまいをしたときのためにとっておこう。

そのやり方は正しいのか

よくある〝黒板に名前を書くゲーム〟を中心に学級経営している人は多いのではないだろうか。これは長年イギリスで引き継がれてきた教育法で、やり方は簡単。黒板に悪いことをした子の名前を書き、次にまた悪いことをしたら名前の横にチェックマークを書いていく（イギリスでは本来正解を表すチェックマークが、なぜこんな風に使われているのだろう）。

悪いことをする度にチェックが増え、その数によって罰の重さが決まる。授業の後2分間教室に残ることから、もっと長時間の居残り、サッカーの練習に行かせないなど、罪の重さはさまざまだ。

中にはチェックマークの代わりに信号やお天気マークを使うなど、クリエイティブな人もいる。いずれにしても、「黒板に名前を書かれるのは恥ずかしいので、それが問題行動の抑止力になる」という考えに基づいた指導法だ。本当はこんな説明も不要だろう。みんな一度や二度は経験済のシステムだ。今自分のクラスで使っている人もたくさんいるだろう。何を言われるかドキドキしているかもしれないが、もう少し耐えて次の質問に答えてほしい。

■ そのやり方は、どこで学んだのですか？
■ そのやり方をいつから使っていますか？
■ そのやり方が子どもの行動を変えるのに効果的だという研究結果はどこにありますか？

ブライトン大学で初任者研修を受けている新任教師にアンケートをとったところ、8割以上の人がこの黒板に名前を書くやり方を教わったと回答した。しかし先の3つの質問に答えられる人は誰もいなかった。これは、みんなの前で子どもを辱めることが教育になると考えられていた時代の負の遺産だ。優れた指導法としてではなく「ずっとこうしてきたから」という理由で教師から教師へと受け継がれている。ベテラン教師によると、彼らが子どもの頃から一般的な慣習だったという。

私はこのやり方が本当の意味で成功したことはないと確信している。少なくとも、（この手法が主なターゲットにしている）授業を妨害する子どものほとんどは、権力に刃向かうことで得られる注目と賛辞を常に求めている。そんな子にとって黒板に名前を書かれることは「恥」ではなく「名誉」なのだ。

一番手っ取り早くクラスや学校で有名になる方法は、問題を起こすことだ。大人の役目は、それを阻止すること。授業中に問題を起こす子どもには、他の子の視線を集めないように声をかけて注意するか、問題の内容によってはすぐに適切な対応をする。黒板に名前やチェックマーク、バツ印、お天気マークを書く必要はない。そんなことをすれば「君たちには大して期待していない」と言っているようなもので、彼らのネガティブな自己イメージを強化し、反抗心を助長する。

授業の度にこの間違ったゲームがくり返された結果だろう、黒板を消した後でも薄く見える名前がある。彼らの名前は黒板に刻まれてしまっているのだ。

クラスによっては、これらの問題のあるメタファー（人種差別にとれるものもある）が堂々と使われているところもある。頂点にあるのは優等生を示す太陽。[1]その下には、優等生ほどではないが、行儀のよい子どもを示す白い雲。その下は灰色の雲で、太陽の光を遮ろうとする衝動にとりつかれ、日の光が届かないところを行き来する、少し問題のある子どもたち。彼らは雲と雲の間を移動することで、ずっと注目を集めていられる。そして最下層にいるのが黒い雲の子どもたち。彼らは恥ずべき存在とされているが、本人は一番扱いのむずかしい子どもであることを誇りに思い、クラスの中で安定した地位を得られる黒い雲に満足している。そんな彼らにとってヒエラルキーは逆転している。かけられる期待が少ない分、黒い雲でいる方が楽だと感じているのだ。

　私はこれまでお粗末なメタファーを使って子どもを評価する表を嫌と言うほど見てきたけれど、子どもに貼られたレッテルの強化と悪名を高める以外の効果を見たことはない。

自分を顧みる

子どもは年齢を重ねるにつれ、「もう〇歳なんだから、わかるでしょ？」と言われる回数が増える。まるで4歳までには正しい言動をすべて学び終えているのが当たり前だとでもいうように。そんな言い草は非現実的な期待の表れであるばかりか、子どもを指導する上で障害にもなる考え方だ。

子どもは、一度教わっただけでは望ましいふるまいを身につけることはできない。何度もくり返し教わる必要がある。特に中学生は教科ごとに先生が変わるため、各教師に合わせたルールを学ばないといけないのだから大変だ。小学生も活動ごとに環境の変化があるため、その場に応じた所作をくり返し教わらないといけない。すべての人が一定の年齢に達するだけで、いつでも、どんな状況でも正しく行動できるようになれたら、どんなにいいだろう。現実はそれほど甘くない。子どもは発達の段階に応じて、状況に合わせたきまりやふるまいをその都度学ぶ必要がある。このとき厄介なのは、そのきまりが往々にしてはっきりしていなかったり、わかりにくかったり、教わっていないものだったりすることだ。

もし子どもたちが日がな1日、「こうかな?」「これでいいかな?」と大人の頭の中にある正解を探りながら生活しているとしたら、その時間がもったいないだけでなく、誤学習して

1　ずっとこの太陽の位置から動かない子もいる。彼らにとって表などどうでもいいことで、何の意識もせず行儀ランキングの上位にいる。〝足下〟で起きている混乱とも無縁だ。そのような子どもの保護者は、学校での子どもの様子など気にしてすらいない。

しまう可能性も大いにある。

教師にも同じことが言える。教師としてのあるべきふるまいを、すべて雇用契約書に書き収めることは不可能だ。たとえ細かく書かれていたとしても、一度読んでサインをしたら、二度と読み返されることはない。しかし、このように期待されるふるまいが両者の合意に基づいて明確に示されていないからこそ、どの学校にも道を踏み外す教師が出てきてしまう。「そんなバカな」と思う人のために、私が知っている例を。まず、ビーチサンダルで仕事をすることは人権で保障されていると主張する数学の教師。7歳の子に向かって、「お前を教室から引きずり出すぞ。ナメんじゃねー！」と怒鳴りつける小学校の教師。「昨日の夜、お前の家が焼けたことなんか俺には関係ない。今すぐ宿題を出せ！」と子どもに叫ぶ教師もいる。

たとえ相手が大人であっても、ルールを明示していないと、逸脱行動やグレーなふるまいが起こりうるのだ。

罰の重さについて

不釣り合いなほど厳しい罰は副作用が多く、その後遺症はなかなか癒えない。子どもに無尽蔵に制裁を加え続けると、深い恨みを抱くようになる。その後、人間不信に陥る子も少なくない。

どんなに過酷なペナルティーを課しても効果がないときは、「1週間も居残りさせたのに、まだあんな態度をとっている！」と非常に腹立たしいものだ。きっと、罰に効果がないことを認めるよりも、もっと長期間にわたる残酷な制裁を加える方が簡単なのだろう。私が最近行った学校も罰をエスカレートさせて、日曜日にまで居残りをさせる計画があった。そこの学校管理職は言った。「もうこれしかないんです。土曜に居残りをさせても、子どもは気にしていないようなので」。

罰の重さを増やしても、子どものふるまいがよくなるわけではない。教師に対する敵意を表に出さなくなるだけで、そこには教師対子どもの二項対立が生まれている。大切なのはペナルティーの大きさではなく速さ、つまりすぐに対応することだ。授業の終わりや昼休み、放課後に2分間話をするだけで、子どもは自分が一線を越えたために不都合を味わうことになったと理解する。2分間足止めして昼食の列で最後尾になる。帰宅のバスを1本遅らせないといけなくなる。友達と買いものに行けなくなる。こうしたことは、授業を少し妨害した応報として十分だ。

お仕置きを長くすればいいというものではない。ましてや問題行動を起こしてから1週間以上経って長時間の居残りをさせても、完全に無意味だ。子どもは誰に罰せられているか、どうして罰せられているのかも覚えていないだろう。

表彰掲示板の力を借りる

表彰掲示板はクラスの空気を変える一番簡単な方法だ。問題行動にしっかり対応していくことに変わりはないが、表彰掲示板を使い始めたら子どもの不適切な行動は自然に減る。そもそも誰かが悪いことをしたときに、それをクラス全員に知らせる必要はない。あくまで教師とその子の問題だ。悪い見本を全体に共有しても意味がない。しかし、期待されるふるまいがどんなものであるかを日ごろから伝えているとクラス全体によい効果がある。

まず表彰掲示板の上部に、あなたが大切にしたいことを書く。例えば、授業中にお互いの発言をかき消すように喋る子どもが多いクラスでは、「一人ずつ話す」。礼儀を重視したい場合は、「マナーを守って喋る」。授業中につつき合う子どもがいるときは「人をつつかない」など。学習に焦点を当てたものにする場合は、「自分の意見は詳しく説明する」「説得力のある言葉遣いをする」「その答えに至った過程を示す」などがいいだろう。

そして子どもが目標どおりのふるまいをしていたら、掲示板にその子の名前を書く。表彰掲示板の目的は、個人に賞賛を浴びせることではない。クラス全員が一丸となって、一つの目標に向かって一緒に学ぶための方略なのだ。教師は目標とするふるまいを見つけたら積極的に評価しよう。物理的な賞品はないが、表彰掲示板はクラスの絆を強めてくれる。（状況に応じて）授業や活動、または1日の終わりに、クラス全員の名前が掲示板にのることが目標だ。

このとき、何か悪いことをして注意された子どもも、目標のふるまいをしたら掲示板に名前を書く。プラスマイナスゼロにはならない。悪いことをしたらその代償を払い、よいことをしたら好ましい結果にあずかるのは、ごく自然なことだ。

例えば、車を運転中にスピード違反で捕まると、反則金を支払い、違反点数を加算される。悪いことをしたので、その報いを受けるのは当然だ。その1分後に、今度は子どもたちを連れた先生が道を渡れるように車を停止。先生に微笑みかけられ、こちらも微笑み返す。よい行いをしたので幸せな気持ちになるという、よい結果を受け取った。でも、それを見た警察が、「さっきは悪かった」と追いかけてきてスピード違反を取り消すだろうか。そんなわけはない。歩行者に優しくしたことと交通違反は、それぞれ別の結果につながる別の行動だ。

それなのに、悪いことをしたらよい行いを帳消しにし、よい行いをしたら悪い行いを償ったことにする教師（と保護者）は多い。善悪の因果関係が明確でないと、子どもは自分の行動に責任をとることを学べない。よい行動と悪い行動の結果は、それぞれ分けて指導しよう。

行動成績表の功罪

イギリスには、表彰掲示板とよく似た指導法に行動成績表がある。よいことをしたら〇、悪いことをしたら×が名前の横につくというシステムだ。行動成績表は、一見無邪気で教育的な取組に見える。しかしこのシステムに慣れた子どもは、長期的な弊害に苦しむことになる。チェルシーの例を見てみよう(学校での指導の結果が家庭でどのように表れるのか、我々教師が知る機会はほとんどない。私はチェルシーの父親と友人だったので、たまたまこの話を耳にして、教師がよかれと思って導入した取組が裏目に出ることもあるのだと気づいた)。

チェルシーが初めて行動成績表をもらったのは小学2年生（7歳）のとき。ルールは簡単だ。成績表（少しおおげさな名前に思えるが）には列が2つあって、1列目にはよい行動を表す○印、もう1つの列には悪い行動を表す×印を記入し、毎日それぞれの数を集計するしくみになっている。○の方が多いときは家庭でご褒美をもらい、×の方が多いときは保護者にお仕置きされる。

ぱっと見、理にかなったルールに思えるが、子どもはそれぞれの行動がもたらす結果に責任をもつことを学ばなくてもいいのだろうか。つまり、現実の世界はよいことと悪いことの相殺システムにはなっていないのに、そうとは知らずに行動成績表のルールだけに慣れてもよいのだろうか。

行動成績表を毎日つけられても、自分の行動に責任をもてる大人にはならない。善と悪は、そんな風に精算できないからだ。それなのに7歳の子が毎日それをされているところを想像してみてほしい。よい影響を受けるわけがない。しかもチェルシーは中学生になるまでずっとこのシステムで教育されたのだ。[2] よい行いが悪い行いを打ち消すという考え方が完全に刷

2　悪い行動は目立つため、行動成績表にしっかり記録されるのに対し、よい行動はなかなか成績表に反映されないという点も問題だ。大勢の子どもがいる雑然とした環境では、よい行いが埋もれてしまい、みつけるのが困難になる。そのため行動成績表は子どもの実際の行動を記録したものではなく、たくさんいる子どもの中で教師が見えた行動を記録したものに過ぎない。

り込まれてしまった。そして彼女自身の行動と解釈は、ゆっくりと確実に汚染されていった。

それが表面化したのは、チェルシーが11歳のときだった。友達と外出して門限を2時間もオーバーし、父親はその場で話し合いたかったのだが、「今日はもう寝なさい」と言って次の日の朝、話をすることにした。

翌朝、チェルシーは普段よりも早く起きていた。リビングの物音に気づいた父親が中をのぞくと、チェルシーは一心不乱にクッションを叩いてフカフカにしている。父親の気配を感じた彼女は、「ほら、見て！」と言った。父親が「何を？」と聞くと、「これで私を叱れないでしょ？　いいことをしたから、これで帳消し」と言ったそうだ。チェルシーの道徳概念は完全に歪んでいて、罪は善行で打ち消されると心の底から信じていた。それが、長年の行動成績表を通して彼女が学んだことだった。

チェルシーは20歳になった現在も、自分の過ちが招く結果をなかなか引き受けられずに苦労している。善悪の相殺システムで教育された結果、自分の言動に責任をもつことを学べないままでいるのだ。

表彰掲示板を有効活用する方法

1. 基本的な習慣に加えて、学習態度に関する目標も立てる。元々できていることではなく、子どもが成長できる目標を掲げる。
2. 目標とする学習態度がとれている子の名前を掲示板に書いていく（または名前を書いたシールや磁石、紙を貼り付ける）。
3. 一度掲示板に書いた名前は消さない。名前を書いた後にルールを破った子には、個別に対応する。悪いことをしたからといって、名前を消してはいけない。問題行動には別途対応しよう。
4. 他の子どもから推薦された子の名前も掲示板に書く。一定時間のアクティビティの後、目標のふるまいを継続できた子の名前を4人挙げてもらう方法もある。授業の最後でふり返りに活用する。
5. クラス全員で目標を達成することを強調する。掲示板は個人競争ではない。全員の名前がのるように協力し合うことが大切だ。
6. 子どもの年齢や状況に応じて、掲示板を1時間ごと、毎日、または毎週更新する。
7. 結果ではなく努力を評価する。表彰掲示板はクラス全員のものだ。優秀な子はいつも目標を達成するかもしれないが、努力の跡が見えるときにだけ名前を書く。

8. 掲示板にクラス全員の名前がのったら、みんなで「やったー！」などと声を上げて祝う。大きなご褒美は必要ない。これは重要なポイントだ。最初に報酬を提示すると、掲示板に名前がのっていない子を助けないといけないといういうプレッシャーがかかる。「あの子のせいでご褒美がもらえなかった」「休み時間にあの子をお仕置きしよう」と子どもに思わせてはいけない。みんなで成功を喜ぶだけでも一体感は生み出せる。クラスが分裂するリスクを最小限に抑えておくと、行動の不安定な子を支える子どもが増えてくる。

9. 正しいふるまいをしている子を常に見逃さないようにして、表彰掲示板で褒め称える癖をつけよう。

トークンエコノミー法の課題

望ましい行動をさせるために報酬を与えるトークンエコノミー法は、一貫性を重視する生徒指導には向かない。というのも、一番よくできる子や一番行いが悪い子――いわゆる「目立つ子」にばかり報酬が与えられて不公平だからだ。

教師の中にはよかれと思って子どもを褒めまくる人がいて、子どもたちは賞賛の海で溺れそうになっている。そういう先生は愛情のシャワーを注ぐことに気をとられ過ぎて、子ども個別のニーズを認識することはもちろん、成長を記録することを忘れている。まったく悪気はないのだが、最初の1週間で「褒められる」という報酬の価値を下げている。他方、めったに子どもを褒めないことに誇りをもっている先生もいて、そういう人が誰かを褒めると、すぐさま伝説になる。[3] 彼らは「褒める」という報酬を鍵付の宝箱にしまいこみ、オレンジ色の月の光が塔の7番目の窓から差し込む夜にだけ入ることのできる、特別な蔵に保管している。

1人の人間でも常に同じ基準で誰かを褒めることは、むずかしいものだ。月曜日の朝は、どんどん子どもを褒めようという気持ちでご褒美スタンプをたくさん押すかもしれないが、火曜日にはスタンプをなくしたため誰にも押せず、水曜日には風邪を引いて気分が悪いために一日中子どものよいところが見えない。木曜日は風邪で欠勤。代わりに入ってくれた先生

3　私が父親として保護者懇談会に出席したとき、今まで誰にも成績表でAをあげたことがないことを誇りにしている先生に会った。本人いわく、彼の授業でAをとるのは不可能なのだそうだ。息子の成績はCだった。おそらく息子の努力が公正に評価された結果だとは思うが、つい言ってしまった。「ということは、息子のCは2番目に高い評価ということですね？　Aをとるのが不可能なら、1番上はBになります。上から2番目であれば上等です！」と。そして先生が困惑している隙に、私はその場を立ち去った。

が机の中からご褒美スタンプをみつけ、無邪気な子どもたちにスタンプを押しまくる。金曜日、まだ具合が悪いのに咳止めの薬を飲んで無理矢理出勤。頭がぼーっとしたまま子どものおでこにスタンプを押したり、レモン味の薬をくれたからと言って同僚の手にスタンプを押したりしてしまう。つまり、教師一人の指導であっても、トークンエコノミー法で一貫性を維持するのは不可能なのだ。

トークンエコノミー法を使うと、指導の一貫性はすぐに崩れる。たくさんの報酬をもらう子とそうでない子が分断されて公平さがなくなることに加え、報酬を与える側の教師の基準がバラバラなのもこの方法の問題点だ。子どもは、いつ誰の前で正しいふるまいをすれば報酬をもらいやすいかを知っているため、ポイントを稼ぐためだけのゲームになってしまう。その上、ポイントの合計が増えるにつれて新しい賞(プラチナ、ダイヤモンド、クリプトナイト)がつくられて、子ども間の格差はさらに広がるという悪循環だ。

もうトークンエコノミー法はいらない。廃止しよう。心の底から「よくやった」と一言褒めたり、クラス全員で拍手をしたりする方が、子どもにとってはずっと意味がある。トークンエコノミー法を使っている人は、一度保護者に聞いてみるといい。誰に聞いても、「よく問題を起こす子が一番ポイントをもらっている」と言うだろう。その指摘はおおむね正しい。頻繁に問題を起こす子は報酬をもらえるハードルが低く、相対的な報酬の価値を下げている。

そして「その子のよいふるまいをどうにかこのまま強化したい」という思いから、彼らがおとなしくしているだけで雨あられのように報酬を与えたくなってしまうのだ。多くの大人がこの罠にはまり、問題を起こしやすい子に報酬を与え過ぎてしまう。

チェルシーの例からもわかるように、プラスとマイナスを相殺させるシステムは、月曜日から木曜日まで悪いことをしても、金曜日に「よいふるまい」をすれば一気に挽回できるという誤った教訓を子どもに伝えているようなものなのだ。

100万ポイント！

こうした弊害に早くから気づいて、わざとでたらめなポイントで子どもを褒めている小学校もある。「アムジャド君、4万5679ポイント。素晴らしい！　本当に素晴らしい！」「R組のみんな、すごくきれいに並んでるわね。伝説になるわよ。13万4000ポイント！」「今朝の集会でのふるまいは特に素晴らしい。各グループに500万ポイント！」といった具合だ。ここの教師たちは褒めることが大好きで、「あなたたちのよいふるまいに気づいていますよ」ということを強調するためだけにポイントが使われている。学校側も大げさなくらい元気に、おもしろおかしく褒めることを認めている。ポイントの数は笑ってしまうほど大きく、子どもたちも賞品を期待しているわけではない。ただみんなでこの遊びを楽しんでいるのだ。毎週金曜日にはポイントを集計した体で優勝グループが発表される。ほとんどの学校はこうしたポイント争いを公平な競争に見せかけているが、この小学校では毎週違うグループを優勝させて、みんなが楽しめるようにしている。

ロバートとの出会い

初めて会ったときから、ロバートが対応のむずかしい子だということは一目瞭然だった。当時はまだ教師になって間もない頃だったが、それくらいのことはわかった。ロバートとの最初のやりとりは忘れられない。彼は上着を着たままフードをかぶり、イヤホンをして教室の後ろの席に座っていた。私は精一杯落ち着きを保ちながら、そっと近づいて隣にしゃがみ、できるだけさりげなく「ロバート、上着は椅子の背もたれにかけない?」と言った。その瞬間、彼は激高し、一瞬で怒りが頂点に達した。机をひっくり返して椅子を投げ、私に顔を近づけて3秒間、自分が知っている限りののしり言葉(私が知らないものも含む)をぶつけた。そして出入り口に走って行って、教室が揺れるほど乱暴にドアを閉めた後、校庭に出てゴミが入ったコンテナに飛び込み、火をつけたのだ。滅茶苦茶になった教室に残された私は、「上着を脱いでと言っただけだろ?」と思いながら、その場に立ち尽くすしかなかった。

私は子どもの頃、不良少年に憧れて学校をサボり、ロンドン中をうろついて、繁華街のゲームセンターで怪しげな大人から小銭をせびっていた（※これは危険な行為です）。しかしロバートに比べたら、私など素人だった。ロバートは本物の〝ワル〟だったのだ。不良の扱いに自信のある大人が大声で言うことを聞かせようとしても、彼らを遠ざけられるだけの圧倒的な力があった。

ロバートの行動にはパターンがあった。教室に入ってくると威嚇するような言葉を吐いて椅子や机を投げ、こちらが何か言う前に去って行く。私が同僚に助けを求めると、全員が口をそろえて「ああ、心配いらない。あの子はみんなにそうだから」と言った。でも私はその「みんな」になりたくなかった。子どもにいい影響を与えるために教師になったのだ。何もせずやり過ごすのは嫌だった。役に立ちそうなアドバイスもしてくれない同僚にだんだん腹が立ってきて、自分一人で解決することにした。そもそも、どうしてみんなロバートの保護者と連携をとっていないのか。まずそこから始めるべきだと考えた。

そしてまたロバートが暴れたとき、気がつくと私は学校を飛び出して、「あの子の母親に会ってくる！　会って問題を解決する！」と叫んでいた。過去数週間の彼の行いを話せば、母親はすぐに行動を起こすはずだと思った。何を伝えるか、話をどういう方向にもっていくかも見えていた。そしてロバートの家に向かって歩いていると、同僚のスーが追いかけてきて、「私も行くわ」と言った。彼女は経験豊富なので、ついてきてくれることは心強かったが、話は自分でするつもりだった。私一人でも母親を説得し、ロバートのために協力してもらえる自信があったのだ。

住宅地に入ると、あちこちから「スミス先生が来た」「スミス先生が来てるよ」という声が聞こえる。「もしかして、前に来たことがあるの？」と尋ねると、スーは苦笑しながら「2、3回だけ」と応えた。ロバートの家の前に着くと、私はこれから話す内容を何度も頭の中でシミュレーションし、これで問題は解決するだろうと思っていた。自分が13歳のときに先生が家まで訪ねて来てくれたら、母親は先生に協力しただろうと思っていたからだ。

しかし中に入った瞬間、私は自分の無知を痛感せざるをえなかった。ロバートの置かれている環境は、私の想像をはるかに超えていた。何もかも売り払われて、家の中はほぼ空っぽ。唯一ある家具は、山盛りになった洋服の積まれたソファだけ。私はその端に座り、ロバートの母親が蛇口のお湯で入れてくれたカップ半分の紅茶を受け取った。本題に入ろうと母親の目を見ると、酔っ払っている。しかも泥酔だ。前日の夜から飲んでいるようだった。私は口バートの生々しい現実に打ちのめされてしまい、何も言えなくなってしまった。

幸い、スーが代わりに話をしてくれた。思いやりと優しさのにじんだ話し方だった。最近のロバートの様子を伝え、新しい担任（私）はロバートのために一生懸命がんばっているのだ、と。ロバートの母親も他の母親同様、息子の成長と幸せを願っていた。しかし同時に、彼女が自分のことで手一杯だということも明らかだった。私は家を出ると、スーに「ごめん、失敗だね」と謝った。すると彼女は、「そんなことない。ロバートは変わる。あなたが思っていたように、ではないけれど」と言った。

その次の週、ロバートのふるまいが劇的に変わることはなかったが、私の授業に出席し、最後まで教室の中にいた。これは当然、諸刃の剣だった。もちろんロバートには授業に出てほしかったけれど、授業の進行がむずかしくなることもしばしばだった。しかしクラスのみんなが助けてくれたおかげで、ロバートは成功体験を得ていった。書き取りの課題こそしなかったものの、発表や劇形式の課題はどんどん内容がよくなっていったのだ。私に対して攻撃的になることも減り、すぐに暴れることもなくなった。そして数週間かけて確実に成長していったのだ。Ofstedの査察官が評価する類いの進歩ではなかったかもしれないが、ロバートにとっては確かな成長だった。

同僚たちはこっそり「どうやったの？」と尋ねてきた。「私の授業だと、あの子は邪魔ばかりするのに、どうやって授業に参加させてるの?」。そして私がロバートの母親と会って、彼の置かれている状況を少し理解したのだと説明すると、「教師はソーシャル・ワーカーじゃない」「家には行くな。襲われるかもしれないぞ」と言われた。

次第に、私とロバートの間には強い信頼関係が生まれた。それは私が彼の家に行ったときに始まり、徐々にお互いにとってよい影響を与え合える関係になっていったのだ。

どうして他の教師は子どもの家に行って保護者に会おうとしないのだろう。なぜ学校は教員研修の日に家庭訪問をさせないのだろうか。保護者を訪ねることで得るものは非常に多く、子どもとの関係もガラッと変わる。

ウェールズの伝説的な教育者マイク・アーミガーによると、ロバートのように心に傷を抱えた子が暴れるのは、小さい子どもが床に転がって抵抗するのと同じ理由なのだという。こういうとき、ほとんどの大人は子どもをまたいで、「どうしてそんなことするの。起きなさい」と言う。しかしその子が必要としているのは、無条件に手を差し伸べてもらうこと。イライラしてすぐに手を引っ込めてしまう大人の方に問題があるし、そんな大人が多過ぎるのだ。

子どもがこちらを侮辱する、宿題をしない、授業の邪魔をするなどの理由で、すぐに指導を放棄する教師がいる。しかしよい教師は子どもの問題行動にうまく対応しながら、その子のことを決して諦めない。過去に傷ついた経験のある子は、その大人が信頼できるか試すような行動をする。何があっても自分の手を放さないか確かめたいのだ。そして信用できるとわかれば、あなたを受け入れ、あなたからさまざまなことを学んで大きく成長する。

ロバートのような子は信頼関係を重視し、信用する人の言葉は受け入れる。そんな子に対して頭ごなしに規則や罰を押しつけ、コーヒー臭い息で怒鳴っても、かたくなになるばかりで何も変わらない。しかし思いやりと誠意をもって根気強く手を差し伸べ続けると、いつかあなたを受け入れ、その声を聞くようになる。

教室で取り入れるには

実践

情動に流されず、思い込みにとらわれない、意識的な指導を心がけよう。そのために、来週は次のうち1つを試してみてほしい。

意識的な指導の例

1. 子どもが問題を起こしたら、努めて冷静に対応する。
2. 子どもの問題行動は1対1で正す。
3. 表彰掲示板に名前を書く（そして一度書いたら消さない）。
4. トークンエコノミー法はやめる。
5. 子どもが悪いことをしたら、どんな罰を与えるかを考えるのではなく、即座に対応することを心がける。
6. 問題行動をくり返す子どもを目立たせていないか考える。みんなに悪行を知らしめて反省させるつもりが、逆にその子の（ワルとしての）ステータスを上げてしまっていないだろうか？
7. 行動成績表はやめて、子どものよいふるまいを見逃さずに褒め、「自分は気にかけられている」「尊重されている」と感じられるようにしていく。同時に、クラスや学校への帰属意識を高められるように配慮する。

留意点

□問題が起きたときは自分の感情に流されず、合理的な対応を意識しよう。

□他の教師から聞いたやり方を鵜呑みにしないようにしよう。その方法があなたのクラスでも有効だという証拠はあるだろうか。それが検証結果に基づいたものなのか、単に昔から続いているやり方なのかを見極めてほしい。

□罰で脅しても、子どもが抱えている怒りは消えない。

ポイント

□校長や副校長が袋をもって校内のゴミ拾いをするようになれば、子どもはポイ捨てを恥じてゴミ箱に捨てるようになる。

□ときには無言で「私はここにいるから」という空気だけ出して、黙って待つことが最善策になることもある（ただ、待つといっても限度はある。一度、騒がしいクラスが静かになるまで30分待っている先生がいた）。

□ご褒美のつもりのゴールデン・タイムも、そこで問題児のラベルを貼られる子にとっては何も「ゴールデン」な時間じゃない（イギリスの学校では金曜午後にご褒美として好きなことができる時間が設定される）。

□子どもの言動で感情的にならない。子どもに付け入る隙を与えることになる。中には、あなたの気持ちをわざとあおろうとする子もいるので注意する。

Column 2

熱心過ぎる人

教員研修の際、やる気のある人をみつけるのは簡単だ。だいたい前の方の席に座り（後ろの方が隠れてコーヒーを飲んだり、ニコチンガムをかんだり、テストを採点したりしやすいので、前に座るのは賞賛に値する）、いつも身なりが整っていて、学校の上層部に属していることが多い。研修が始まる前から予習もしている。

熱心にメモをとる音と資料をめくる音が聞こえてくる。明日の朝から早速学んだことを全部やろうという気合いが伝わってくる。既存の方針を破り捨て、新しいきまりをつくって革命を起こす気満々だ。

他の教師たちもそれに気づいている。休憩時間になると、講師の私にこっそり近づき、「○○さんに、私たちはここで教わったことを全部すぐにはできるわけではないと伝えてくださいませんか？」「○○さんは明日から私たちにファンタスティック・ウォーキングをさせる気です」と言ってくる。彼らは熱心過ぎる上司の動きや音に警戒しているのだ。仕事が増えることや、どんなにいいアイデアでも細かく口出しされて空中分解することを恐れている。

そして研修が終わるや否や、そのやる気のある人は姿を消す。すでに学校の奥深くにあるオフィスで、懸命に準備を始めているのだ。1人で計画を立て、1人でポスターをつくり、1人でメールの下書きを書いている。こういうやる気のある人は、どこの学校にもいる。その上によくできた上司がいれば、彼らの暴走を抑え、やる気をうまく誘導してくれる。しかし彼らを野放しにしていると、夜遅くまで1人で暴走して、すべてを台無しにしてしまうことがあるのだ。

一度、全員が毎日一貫して協働する同意のための覚書をたった1人で作成し、朝8時の職員朝会で発表した人がいた。翌週、私がその学校を再び訪れると、教師たちは不満そうにその覚書を見せて言った。「私たちは同意していません」「〇〇さんがあなたのアイデアを真似てつくっただけです」「これは私たちのアイデアではありません」と。残念ながら彼らの言うとおりだった。幸い、その覚書をつくった人はほどなくして学校を去り、残された教師たちは協力して覚書をつくり直したため、被害は最小限で済んだ。偶然、数週間前にその学校のツイートを見たら、Ofstedの評価は「とてもよい」になっており、優れた成果を出しているようだった。

筆者が13歳のときに受け取った通知表より

授業で完全に集中しているわけではありませんが、比較的集中しています。しかし全般的に見て従順な生徒ではありません。

CHAPTER 3

気にかけ続ける

愛で人を変えられるのに、どうして罰が必要なのか

私が子どもの頃、学校の先生はあからさまに私を嫌っていた。それは理屈抜きの攻撃的な負の感情で、出会って数ヶ月もたたないうちから、私を学校から追い出したがっていた。やがて罰や脅しが効かないとわかると、彼らは暴力をふるった。彼らにとって教師と子どもの関係性は一つ。子どもは教師に従い、教師の気まぐれや残酷さも受け入れるのが当たり前。教師は常に尊敬されるべき存在で、子どもが尊重されることはなかった。

あれから30年たった今でも、子どものニーズを無視した指導を続けている学校はまだ存在する。家庭で何らかの機能不全があり、本来信頼できるはずの大人との間に深刻な問題を抱えている場合、子どもたちは問題行動を起こしやすくなる（第9章も参照）。人とのつながりを求めている子が、信頼関係を築く気のない教師に出会うと、完全に決裂するのだ。一方で教師は「信頼関係」という言葉自体に抵抗を感じるのかもしれない。子どもと親しい友人のような深いつながりを形成することは、ただでさえ多忙な彼らにとって過度な要求に思われるからだ。

もし受け持つ子どもの数が少なければ、時間をかけて持続的な関係を築くことはできる。しかし2週間に1回、３４０人の子どもと30分しか会わない先生にそのような期待をかけるのは非現実的だろう。

それでも教師と子どもの関係に着目し、「どうやって指導するかの前にどうやって信頼関係を築くかを考えるべき」だと提言する教育アドバイザーは多い。私もその考え方に、基本的には賛成だ。しかし同時に、「責任が重過ぎる」と先生方が負担に感じることを心配してもいる。本当に多様な子どもたちと日々接している先生たちに、そんな「理想の教育」を求めるのは、期待が大きすぎないだろうか。

それに、子どもは大げさな愛情表現や信頼を築くための〝1回限り〟のイベントなど求めていない。教師の私生活を知りたいとも、プレゼントやSNSでのつながりがほしいとも思っていない。一緒にお茶を飲みながら、あなたの昔話を聞きたいとは思っていないのだ。

子どもに必要なのは、教師の思いやりを感じる日々の些細な言動、一貫した優しさ、彼らの人生に関心を示すこと——私の友人であるハイウェル・ロバーツが「親身になる」[1]と呼んでいる教師の姿勢だ。

ものでつる

1　親身な姿勢に関する詳細は、H・ロバーツ著『Oops! Helping Children Learn Accidentally』(Carmarthen: Independent Thinking Press, 2012)を参照。

子どもがよいふるまいをするようにものを与えても、その効果は長続きしない。人はうわべだけの期待やものをもらうよりも、自分の存在を認められたいと思っているからだ。お世辞やものを与えることで簡単に子どもの行動を変えられると思うかもしれないが、それは錯覚に過ぎない。よいことをしたら褒め、親身に接することで、子どもは「認められている」「尊重されている」と感じることができる。われわれ大人は、彼らがそう感じられるように時間をかけて努力し、子どもと深く関わる必要がある。

子どもによっては、自分の作品が展示されたり、集会で拍手されたり、自分の詩が授業でお手本として読み上げられたりするなど、人前での賞賛を通じて自分の価値を実感する子もいる。他方、1対1の会話や、人より多く仕事を与えられること、目立たないように励まされることで自分の価値を感じる子もいる。

人によって感じ方が異なるため、どんな方法でリスペクトを伝えるかはその子の性質に合わせて見定める必要がある。教育産業にいる怪しい専門家は、商品や現金と交換できる仮想通貨をご褒美に使うと効果的だと言う。しかし彼らが教えてくれない本当に重要なポイントは、何を与えるかではなく、どのように与えるのかが大切だということだ。特別な仕事を与えて相手を王様気分にさせることもできれば、お金を与えて相手に価値がない人間だと思わせることもできる。

小さなことの積み重ね

毎日意識して親身な姿勢で子どもたちと接し、それを教育の土台にしてほしい。そうすれば、ゆっくりとでも確実に子どもとの信頼関係を築ける。優しさと思いやり、気遣いが大切だ。

私たち大人も、すぐに距離を縮めようとする人には警戒するのではないだろうか。郵便局で列に並んでいるときに少し話しただけの人が、あなたとパートナーを10日間のクルーズ旅行に招待するところを想像してみてほしい。違和感を覚えないだろうか？　友情も、数ヶ月、数年かけて育むもの。入学式後のオリエンテーションのように半日で仲良くしようとしても、到底無理な話だ。

すぐに関係を深めようとせず、日々の小さな積み重ねを大切にしよう。相手が同僚であれば、仕事を手伝ったり、玄関で会ったときに優しい言葉をかけたり、相手のことを気にかけるメールを送ったりすると、徐々に信頼関係ができていく。こちらがあまりにも前のめりだったり、必死過ぎたり、お世辞ばかり言うと、相手が引くかもしれない。距離の詰め方はむずかしく、判断を誤りやすいので、微妙なニュアンスや文化的な違いも考慮する。

子どもとの関係も同じで、教室の入り口で優しい言葉をかけたり、「あれ、本当によくできてたよね」と褒め言葉を追加したり、「週末にいとこの家に行ったんでしょ？　どうだった？」などと子どもの予定を覚えていることが、よい関係を築くための土台になる。どれも些細なことだが、その効果は計り知れない。

レオンの話

これは代替教育施設に勤める知り合いから聞いた話だ。レオンという男の子は、「おはよう」と言われる度に「うるせえ」と言い返していた。（問題を抱える子の多いその学校では大した問題ではなかったため）知り合いは元気で気持ちのよい挨拶を続け、レオンからは毎回同じ反応が返ってきた。その状態が数週間続き、このやりとりが当たり前になった。知り合いは毎朝明るく笑顔で挨拶し、レオンは「うるせえ」と言うことのくり返しだった。

ある日、彼はレオンの様子を見るために、わざと挨拶をしないことにした。レオンが廊下を歩いてきて、知り合いはいつもと同じ場所に立っている。昨日と変わらない光景だ。レオンは彼を侮辱しようと身構えていたのだが、挨拶をしてこない。レオンは思わず立ち止まり、知り合いをじっと見つめて「あれ…?」と言った。そしてその場から動かず、いつものやりとりが始まるのを待っていたという。それまでの挨拶に対するレオンの態度は不適切で、相手を侮辱するようなものだったが、レオンはその〝やりとり〟にある種の安らぎやつながり、喜びを感じていたのだ。

もちろん知り合いは、この機会に正しい挨拶の仕方を教えた。その結果、現在2人は普通の挨拶を交わすようになった。しばらくしてから、レオンは過去の非礼をそっと謝ってきたそうだ。知り合いは、レオンはまだ心の準備ができていないだけだと最初から理解していたので、侮辱を真に受けず、子どものペースで関係を築くことができた。ずっとタイミングを見計らいながら、レオンのペースに合わせていたのだ。そして、彼がちゃんと大人の目を見て挨拶できるようになってから、言葉遣いを教えるようになったという。

子どもとよい関係を維持するためには、大人の揺るぎない親身な姿勢が欠かせない。子どもの問題行動は何かと目につきやすく、大人はそれを追いかけることにエネルギーの大半を使いがちだ。しかしそれが、いつの間にか負のサイクルに陥っていることがある。かく言う私も、険しい顔をして教室の前に立ち、(「今日こそまともな授業がしたい」という願いから)子どもに小言を言ってプレッシャーをかけ、(「何度言ったらわかるんだ!」といういら立ちから）悪いことをする子どもについ目が行きがちだった。これは本当に疲れる上に、いいことは何ひとつない。

子どもも大人と同じように、自分は尊重されていると感じたいし、クラスの（または学校の）大事な一員であると感じたいと思っている。切望しているといってもいいだろう。それなのに、よいふるまいをしたときにその実感が得られないと、悪いことをして得ようとする。簡単なことだ。ほとんどの学校がこのことを理解しているにもかかわらず、私が呼ばれる学校では、どこも教師がみんなの前で子どもを叱りつけて周りの視線を集めたり、集会でその子たちを並ばせて、辱めたりしているのだ。

私は治安の悪い地域にある中学校で働いているとき、「君たちのことを大切に思っている。この授業を大切にしよう。私はどこにも行かない」と生徒にくり返し言っていた。子どもたちはそれまでの経験で、教師は自分たちのことなど気にかけていないと思っていた。ただワークシートが配られて解くだけの授業が多かったため、教師が授業を大切にしているとも思えなかった。彼らの知る限り、教師は全員、突然彼らを見捨てて姿を消すか（そこは働く、生き延びる、成長するのいずれを行うにも大変なところだった）、言うことを聞かないと殴ろうとする――というか本当に殴る存在だった。

私はそこの生徒の目を見て、彼らに必要なのは罰ではないと思った。彼らは強い信念をもって安定した大人を心の底から必要とし、それを破壊的な行動で訴えていたのだ。

そして学校全体で教師と子どもの信頼関係を構築するには、計画的に取り組む必要がある。すべての教師が常に優しいわけではないし、日々さまざまな子どもと接する中で疲れ果て、優しくなれないこともある。思いやりをもって子どもに接しようと心がけるだけでは不十分だ。

以前、代替教育施設から代表を集めて、毎回授業の度に全教師が教室の前で子どもを出迎えることを提案した。すると、その学校では教師も授業の度に教室を移動するため、毎回教室の前で子どもを待つのはむずかしいと校長が言った。代わりに移動時のすれ違いざまに挨拶することにして、もう少し何かしたいと言う。

そこで、アメリカのある学校が実践している、新学期に子ども全員のロッカーに付箋を貼るという取組について意見を交わした。付箋には、「去年あなたががんばったことを誇りに思います。今年度も楽しみにしています」や「また会えてうれしいです。一緒に歴史のプロジェクトをするのが楽しみです」など、その子どもに向けたポジティブなメッセージを手書きで書く。廊下にずらっと並んだロッカーに付箋が貼られた光景は、新学期を迎えた子どもたちにとって、非常に温かい歓迎の空気を感じるものだ。

しかしイギリスでは機嫌のよい外国語教師と同じくらいロッカーの存在が珍しく、あったとしても貴重品を入れようという気になるものではない。そこで件の校長は、ホテルの客室のドアにかける「起こさないでください」の札からアイデアを得て、各教室のドアにメッセージを書いた札を吊り下げることにした。その札には、教師が前回の授業の前向きなふり返りと、その日の授業で子どもに期待することを書く。教室に早く着いた子はその札をチェックし、他の教室のドアにかかっている札も通りすがりに見るようになった。

この札によって子どもは、授業が終わった後も先生が自分たちのことを考えていると実感するだけでなく、前回の授業の記憶を少し取り戻してからその日の授業に臨むことができた。廊下を見渡すと、教師から子どもへの思いやりが表れ、学習内容と大切なメッセージの書かれた札が、すべてのドアにかかっているのだ。

期待は高く

もし子どもに抱く期待が低く、常にその基準で褒めていると、彼らは最低基準を目指すようになる。しかしある程度高い基準を定めて、子どもがそれを上回るふるまいをしたときに褒めると、子どもはどんどん成長していく。クラスで期待以上の「優れた行い」を見つけたら、「ホーリーがブラシを全部集めてくれたおかげで、すごく助かりました。優れた行いです。ホーリー、ありがとう。本当に素晴らしい！」という風に毎回その都度子どもに共有しよう。また、誰かを表彰する場面や表彰掲示板に名前を書くとき、保護者と話をするときにも、意識して「優れた行い」という表現を使う。あえて高いレベルに焦点を当てることで期待値が上がり、子どもの中にある基準も上がっていく。そして子どもがそれを上回る度に褒める。それを何よりも大切にしてほしい。

「愛情」という通貨

よい教師は子どもが愛情を感じられるように仕組んでいる。子どもは誰かの愛情を感じているると、危険を回避したり、怒りを鎮めたりできるとわかっているからだ。宿題を採点するときにニコニコマークを描く、「よくできました」のかわいいスタンプをきれいに押す、子どもが好きそうな新聞記事を切り抜いて渡す、遠出を計画する、放課後にパーティーを開く、ドアを押さえる、昼休みにチェスをする、どんなに忙しくても子どものために時間をつくる、同僚に子どものことを褒める、優しい言葉をかける、困っている子に手を差し伸べる、つらい思いをしているときに優しく接する。子どもに愛情を伝える方法は無限にある。

子どもが大人に不信感をもっている場合は、日々の小さな働きかけが功を奏するまでに数ヶ月かかることもあるが、必ず子どもの心に届く（そうとは思えず、すぐに諦めてしまうことも多いが）。子どもが教師の愛情を十分に感じていれば、万が一失敗したとしても助けてもらえることを知っているので、むずかしいことにも挑戦できるようになる。日々のよい行いをきちんと認識してあげれば、どんなに豪華でもすぐに色あせてしまう高価なご褒美より大きな力を発揮する。

いいねカードの威力

子どものよいふるまいを褒める中でも最上級の方法は、保護者も見られる「いいねカード」を渡し、その子への賛辞を伝えることだ。いいねカードは最高レベルの評価なので、1週間に受け取れるのはクラスで1人だけ。数週間該当者なしということもあるだろう。いいねカードには、2つの目的がある。まず一定期間、もしくは一連の授業で優れた行いを見せた子どもに対する心からの賛辞。そしてもう一つは、のちの指導で子どもが自分のよいところを思い出せるようにすることだ。

いいねカードはその子にとって優れた行いを認められた記録になる。自分の中で最高のふるまい、最善の努力、最大の粘り強さが心に刻まれて、それ以降も大きな糧になる。もし翌週その子が問題行動を起こしたとしても、そのときの成功体験を思い出させることによって、本来の姿を取り戻せるのだ。

いいねカードは、もちろん保護者にも喜ばれる。子どもの成果を誇りに思い、自分の子育てに自信がもてるからだ（子どもはもとより、保護者にとっても価値があるのだと驚かされることがある）。その家庭では、いいねカードをもらったご褒美にものを与えているかもしれない。欲しがっていたものやプリペイドカード、現金を与える家もあるだろう。また、夜ふかしを許す、友達が泊まりに来ることを許可する、ごちそうをつくるなど、金品ではない報酬をうまく与える保護者もいる。いずれにしろ、大切なのは、子どもの成長というよいニュースを保護者に伝えることだ。保護者は自分が適切だと思う方法で報酬を与えればいい。彼らの子どもなのだから、保護者の価値観が尊重されてしかるべきだ。

同時に、中には家庭環境が恵まれず、そうしたご褒美がない子もいるので、彼らにはいつもどおりさりげなく、けれどもその子ができる限り特別だと感じられるように接しよう。

いいねカード：こういうパターンもある

問題行動を1週間続けて、金曜の午後に20分だけおとなしくなった子にいいねカードをあげるのは考えものだ。ここまで、子どもが適切なふるまいをしたときにできるだけ褒めようと伝えてきたし、カードをあげたい気持ちは理解できる。しかし大切なのは、子どもの行動に見合った反応を大人がすることだ。

普段問題を起こしている子が20分間だけ完璧なふるまいをしたなら、「ありがとう」と言うだけで十分だろう。「今週のスター」という横断幕を出したり、お祝いのケーキを用意したり、保護者に「シキュウ　ライコウネガウ　〇〇クン　イイコニシテイマス」と電報を打ったりするのはやり過ぎだ。公平感を損なう。その子に大きすぎる報酬を与えてしまうと、他の子どもたちはあなたを驚愕の目で見ることになるだろう。彼らは毎日学校に来て礼儀正しくマナーを守り、真面目に勉強しているのにもかかわらず、そのことを保護者に伝えてもらったことも、ケーキやたすきをもらったことも恐らくない。普段の行いが悪い子に対して過剰で不釣り合いな報酬を与えてしまうと、他の子たちの間で褒められることやいいねカードの価値が下がってしまう。

それでは、子ども全員に公平な報酬を与えるには、どうすればいいのだろう。簡単だ。普段問題を起こしている子が授業の邪魔をせず、生意気な返事を飲み込み、列に横入りさせてくれない子を叩かないで、1日中よいふるまいをしたときは、いいねカードを1行だけ書いて渡す。その子が完全ないいねカードを手にするのは1ヶ月後かもしれないが（私なら1ヶ月後にカードの最後のピースを書き足すのではなく、1枚の完全なカードを渡す）、それが唯一公平なやり方だ。他の子どもより簡単に完全体のカードをあげることはやはりできないが、その子もがんばればカードがもらえるのだと知ってもらう必要がある。

担任教師以外の大人も自信をもっていいねカードを渡せるようになったら、それは素晴らしい兆候だ。生徒指導や行動支援には学校全体の協力が欠かせない。すべての大人が優れた行いに目を凝らし、評価していくことが大切だ。

来校者にもいいねカードを書いてもらう

よいふるまいに対する認識をさらに高めるために、来客者に白紙のいいねカードを渡そう。来校の受付時にカードを3枚渡し、子どもの優れた行いをみつけて書いてもらうのだ。帰るときに記入済みのカードをあずかり、担任や副担任が受け取る。

子どもにもいいねカードを書いてもらう

学級委員や日直など、クラスをまとめる係の子どもにも同じことをしてもらおう。悪いことをしている子を警察さながらに探すのではなく、よいふるまいをみつけたらいいねカードを書いてもらい、祝賀集会やホームルームのときに読み上げる。最初の数週間は、友達だからという理由だけでいいねカードを書いていないか、本当に優れた行いをしている子のことを書いているか、注意深く観察しよう。

優れた行いを増やす方法

1. 「優れた行いにはすぐ「いいね」!」というポスターをつくる。
2. いいねカードの右下や裏面にQRコードをのせて、子どもが賞賛される様子を保護者が見られるようにする。
3. 他の大人と連携する。その子が信頼している人にも優れた行いがあったことを伝え、その人からも褒めてもらおう。新年度が始まったばかりのころは、まだ子どもとの信頼関係ができあがっていないため、この連携は特に重要だ。信頼している大人から褒められることで、その効果がより大きくなる。
4. 優れた行いをSNSに投稿する（その際、絶対に子どもの顔写真はのせないこと）。
5. 教室のドアに専用スペースを設け、その週の優れた行いをシェアする。
6. 校長や副校長にもいいねカードを渡し、校内をまわるときに優れた行いをみつけてもらう。
7. 優れた行いをした子に紙でつくったリストバンド（音楽イベントやプールで渡されるようなもの）を渡す。費用がほとんどかからず、手書きでも印刷したものでも構わない。
8. 悪い行動ではなく努力に注目して、子どもの自己肯定感を高める。

プリントについて

外国人教師が大半の、アフリカにあるインターナショナルスクールに行ったときのことだ。そこはただプリントを与えるだけの授業をよしとする風潮が異常に強く、衝撃を受けた。私が軽く「ただプリント問題を解かせるだけの授業は、教師の怠慢では？」と口にすると、それまで培ってきた教授法に対する非難だと受け取った数人と口論になった。しかし議論が深まるにつれ、彼らは弁解がむずかしいことを認めざるをえなくなった。プリント擁護派には、仕事量の多さやカリキュラムを網羅するプレッシャー、「自分のつくったプリントは本当にいいから」という理由しかなかったのだ。

この取組は、生徒のためではなく教師のためにあった。世間でよく言われているとおり、「学習内容を理解していれば、プリントはいらない。理解していなければ、プリントは役に立たない」にもかかわらず。

スラム地区にある中学校で理科の授業を見学したとき、その考えは正しいと改めて思った。教室に入ると、クラス全員の名前と年齢、課題、識字レベルをまとめた一覧表を先生から受け取った。識字レベルが8歳相当から14歳相当とばらつきがあった（彼らの置かれた環境ではそう珍しくないことだ）。授業の途中でプリント問題が配られ、私が教室の中をまわり始めると、プリントをノートに書き写している子が何人かいる。理由を尋ねると、「問題を読めないのでとりあえず写しています」と言う。その子のノートをよく見ると、過去1学期分のプリントが書き写されていた。あまり文字を読めない子は、みんな同じことをしていたのだ。授業の後で先生に感想を聞くと、「上出来です。みんな行儀よくしていました」とご機嫌だった。

子どもにプリントをやらせておとなしくさせるというのは最悪のやり方だ。プリントだけの授業ほど、子どもに「君らの勉強などどうでもよい」と声高に伝えるものはない。確かに子どもが静かにしていると授業の質は上がるが、それはあくまで授業あってのことだ。

政治家や理解に欠ける学校管理職は、授業がつまらないから（＝教師のせいで）子どもが騒ぐのだと思いたいようだが、それはそうしておく方が彼らにとって都合がいいからだ。政治家は政策の失敗から世間の目をそらし、管理職は自分の力不足を隠すことができる。現場で一番苦労している人間に責任をなすりつける、非常に悪質な逃げ方だ。支配する側の保身のために教師と子どもたちが犠牲になっている。何の権限ももたない、一番弱い立場に置かれた教師が、地位も権力もある者のために責任を負わされているのだ。

特に新任教師や教育実習生が生徒指導や子どもの行動の問題について訴えると、しばしば公然と指導力不足を指摘される。彼らは具体的な助けを求めているのに、子どもの問題行動は教師の力不足が原因だと言われてしまう。教育現場を知らない政治家が指導の具体に意見を述べるのは、自分の無知無能を知らしめる自殺行為になりかねないため、政治家は教師のせいにして片づける。普段の教室の様子を知らない学校管理職も、適切なアドバイスなどできるはずがないので、教師に責任をなすりつけるしかない。政治家や管理職に敬意が示されているのは、それだけの実績があるからではなく、単に彼らの地位が高いからだという場合がほとんどだ。

授業の準備が十分でないと子どもをまとめることはむずかしくなるが、経験豊富な教師は子どもとの信頼関係を〝貯蓄している〟ため、授業が荒れることはない。しかし新任教師や（キャリアが長くても）新しい学校で教えることになった教師にとっては、いかに子どもとよい学習環境を築くかが喫緊の課題なのだ。

「仲間だと示そう」

ある大規模な継続教育カレッジ〔若者や失業者、在職者のための職業訓練機関・団体〕は学生指導の課題を抱えていた。中でも一番大きな問題は、学校関係者と、立ち入りを許可されていない部外者の見分けがつかないことだった。その学校は街の中心にあったため、学生の友人らがよく出入りしていた。ある日、大勢の若者が校内に侵入して学生に危害を加える事件が起き、みんな震え上がった。そこで、校門のセキュリティは強化され、身分証をチェックする警備員が配置された。学校の安全を守るためだった。

学生は新しい学生証の携帯が義務づけられ、時間のかかる手続きをへて多額の手数料を支払い（そのお金は慈善団体に寄付された）、翌朝に新しい学生証を受け取ることを余儀なくされた。校門には大きな看板がいくつも立てられ、そこには屈強そうな警備員が小さな子どもに反対方向を指さす絵と「学生証なしでの立ち入り禁止」という警告文が書かれていた。しばらくの間は、警備チーム――明らかに前日の夜はナイトクラブでマッドフライデー（スローガン「けんかのない夜は夜じゃない」）のドアマンをしていただろう人たちと、「誰に口きいてんだよ。あんたは制服を着て最低賃金を稼ぐバイトだろうが？」と失礼なことを言う、新しい学生証をつけていない学生の間で何度も本気のもみ合いが起きた。学校側はそれを見過ごすわけにはいかず、最終的に警備チームを解雇。警備員側でたまったストレスは、音楽フェスの入場客にぶつけてもらうことにした。

私は職員と協力して問題の解決を試みたが、新しい学生証の携帯率は上がらない。むしろ低下しているように思われた。そこで私たちは、どうすれば学生が主体的に学生証を身につけてくれるのかを話し合った。話し合いの後、A3サイズの紙に「学生証で仲間だと示そう」と書き残されているのを見て「これだ！」と思った。みんなも賛成してスローガンはこれに決定。「学生証で仲間だと示そう」とポジティブな表現をすることで、「おい、学生証はどこだ」と問い詰めるような言い方をしなくてもよくなったのだ。強面の警備員の代わりに、学校管理職と主任教諭が交代で校門に立つようになった。学生は笑顔で出迎えられながら学生証のことを思い出すことができたし、忘れた学生には、その日1日だけ有効な入校許可書がすぐ発行された。学生証を携行するのに比べると少し不便を感じるため、次は学生証をもってこようという気になる。

そのメッセージは学生にもすぐに伝わった。そして、この穏やかな環境を不快な対立で乱す必要はないと安心しているようだった。教師たちは目に見えるかたちでリーダーシップをとることがさらに推奨されるようになり、学生は言われたときだけ学生証を出すのではなく、誰からも見えるように一日中身につけるようになった。

教室で取り入れるには

実践

明日からは子どもへの期待値を上げて、下げないでほしい。この先1ヶ月は、最低基準以上の優れた行いを意識してみつけよう。そしてその基準に到達しようとする子どもと伴走してほしい。

子どもが優れた行いをしたときは、「ジョー、自分から進んでコートを片付けてくれたね。

それは優れた行いです。ありがとう」と褒める。あるいは、「この中で3人の宿題が非常によくできていました。そのご褒美として、全員少し早めの昼休みにしましょう」と匿名で褒めても構わない。

ありとあらゆる手段――集会、いいねカード、表彰状、保護者との会話、必要とあらばインスタグラムにポスター（年配の女性が落とした財布を店員が拾っているところの絵／画像など）をのせ、「あなたが最後に優れた行いをしたのはいつですか？」というメッセージとともにみんなへの期待がこれまでよりも高くなっていることを伝えてほしい。休み時間の手伝い、授業の課題、学校での礼儀作法、服装など、さまざまな場面で新しい基準を導入していこう。

最初の間は、最低基準をクリアしただけの行いにも「ありがとう」「いいね」と言って褒める必要がある。1ヶ月以内には新しい基準が定着するだろう。子どもへの期待は、少しずつ着実に上げていく。すると3ヶ月後には同僚から「あの子に何をしたの？　私への態度は悪いままなのに」と驚かれることだろう。

留意点

□子どもに合わせ過ぎない。彼らと仲良くなるために、同じ趣味をもっているふりをする必要はない。音楽が好きな子であれば、あなたも音楽好きだと示すだけで十分だ。その子が好きなバンドの最新グッズや、メンバーと一緒に撮った写真を学校に持っていったり、ボーカルの名前をタトゥーで入れたり、全曲の歌詞（リミックス・バージョンを含む）を暗記したりするのはやり過ぎか、控え目に言っても「がんばり過ぎ」で、子どもから「キモイ」と言われかねない。

□目立つ子だけを褒めない。子ども全員の優れた行いを同等に褒めるよう気をつけてほしい。つい声の大きい子や目立ちたがり屋の子に目がいってしまうけれど、目立たないところで静かに優れた行いをしている子も見逃さないようにしてほしい。

ポイント

□子どもとのよい関係や絆はすぐには築かれない。少しずつ回数を重ねて、ゆっくり着実に距離を縮めていこう。できるだけ自然に、さりげなく、気にかけていることを示そう。

□子どものよい行動を褒めるだけでは不十分。子どもの行動基準を上げたいときは、その子が期待以上の優れた行いをしたときに褒めよう。

□同僚と連携する。子どもの優れた行いをみつけたら同僚と共有し、その子に会ったときに同僚からも褒めてもらおう。職員室でも子どものよいところを話すようにする（いまだに「子どもは教師の言うことだけを聞いていればいいんだ」という考えにとりつかれて子どもの悪口を言う人がいるが、彼らに同調する必要はない）。

□すべての職員、特に教師ではない人に、子どもが自己肯定感をもち、学校に安らぎを感じられるよう協力してもらおう。日々子どもに対して親身な姿勢を見せることが、強い信頼関係につながるのだと伝えてほしい。

□子どもが出るスポーツの試合や演奏会、演劇を見に行く、一緒に遠出する、グループ対抗戦やプロジェクトを応援する、校内クラブを立ち上げるなどして、授業以外の時間を子どもたちと過ごしてみよう。「気にかける」ということは、授業中だけ、終業ベルが鳴るまでということではない。子どもはいつも自分を見守り、支えてくれ、一緒にいてくれる教師とそうでない教師の違いを知っている。口先だけの人間はすぐに見抜かれてしまう。

Column 3

目立たない子にスポットライトを当てる ホットチョコレート・フライデー

校長が子どもに思いやりや関心を示すと、ちょっとしたことでもその効果は絶大だ。校長が優れた行いをした子どもを招待して一緒にホットチョコレートを飲む「ホットチョコレート・フライデー」の取組は、アイデアこそ単純だが、あっという間に流行した。ＳＮＳでその効果が知られるようになり、今では８００校ほどが毎週ホットチョコレート・フライデーをしている〔２０１７年時点〕。校長たちは週に15分のこの時間をとても楽しみにしているそうだ。

ホットチョコレート・フライデーの対象になるのは、素晴らしいふるまいをしているにもかかわらず、普段は見過ごされがちな子どもたちだ。先ほども触れたように、いつも問題を起こしている子が半日椅子を投げずにいたら、それだけでホットチョコレート・フライデーに招待したくなるだろう。もちろんその子が衝動を抑えたことは褒めて認めるべきだが、がんばってずっと静かにしている他の子どもと同じレベルではない。

簡単に実施できるホットチョコレート・フライデーは想像力を刺激し、多くの学校が採用して取組を拡大している。ホットチョコレート・フライデーがもたらした予想外の波及効果には、次のようなものがある。

□学校の玄関ホールに対象の子どもの名前が書かれた「今週のホットチョコレート招待客」という掲示板ができた。
□それまでホットチョコレートを飲んだことのない子が、「今までで一番うれしかった」と喜んだ。
□校長は、優れた行いをした教職員も招待するようになった。
□ホットチョコレート・フライデーが進化して「VIP席」という取組になり、3～4人の子どもが招待されて、足を上げてソファに座り、ホットチョコレートを飲みながらピザを食べる特権が与えられた（栄養の偏りを非難する声が聞こえてきそうだが、子ども1人につき、せいぜい年に1回のことだ）[2]。
□ホットチョコレート・フライデー専用のマグカップに付いてくる、「#ホットチョコレート・フライデー」と書かれたリボンを子どもが制服につけるようになった。
□「#HotChocFri」「#HotChocFriday」で検索すると見られる、自信に満ちてうれしそうな子どもたちの写真（期待通りの結果だが、それでもやっぱりうれしい）。
□学校オリジナルのマグカップをつくり、表彰状と記念写真を子どもに渡して、家に持ち帰れるようにした。

同僚があなたや子どもを助けてくれることも「優れた行い」だ。カードを買っておいて、親切にされたときには「〇〇してくれてありがとう」と感謝の気持ちを伝えよう。子どものケンカの仲裁や、クラスで収拾がつかなくなったときの巧みな介入など、同僚はいつもさりげなくあなたを支えてくれている。

「生徒指導」とは名ばかりに教師が自己防衛することばかり話している学校もあるが、うまくいっているところでは教師一人一人が力を合わせて生徒指導をしている。あなたは学校全体の生徒指導を指揮する立場ではないかもしれないが、学級担任や昼休みの見守り係として同僚のよい行いをサポートし、彼らを励ますことはできる。カードは30秒で書けて、渡すのに1分しかかからないのに、相手の心に響く力をもっている。

2　この取組はイギリスのリーズにあるパークランズ小学校で始まったもの。クリス・ダイソン校長のツイッターアカウントは：@ChrisDysonHT

筆者が15歳のときに受け取った通知表より

学習内容を理解するのに苦労しており、必要なことを学んでいないため成果を出すことができませんでした。

CHAPTER 4

安定感のある大人

親切、謙虚に、優しくあれ

大丈夫。誰もあなたを責めていない。この本が伝える、「大人が変われば子どもも変わる」という考え方は、裏を返せば教師に対する非難だと受け取られるかもしれないが、それは誤解だ。そもそも子どもの抱える問題の原因が、学校にいる大人にあることは実はあまり多くない。子どもは家庭で学んだ行動様式をコミュニティーで実践し、それをようやく学校でも実行する。だから言葉遣いが悪い子も、悪態をつく子も、暴力的な子もあなたのせいではない。ただ、あなたが対応を変えると、そうした行動様式を変えられることも事実だ。

とは言っても、小手先のテクニックや方法論、あるいは校長や副校長から脅しをかけてもらうようなやり方では、子どものふるまいはよくならないだろう。子どもを変えるためには、周りにいる大人の揺るぎない姿勢と、安定感を生み出す能力が欠かせないからだ。

意味のないきまりや行動規範を大量につくっている学校もあるが、その一方で本当に大切なもの――一貫した大人の言動を形成することに注力している学校も存在する。子どもの行動を変える鍵は、教師のふるまいだ。いくら最新型の行動管理システムを導入しても、1年365日を指導室で反省させても、どれだけ「言い訳するな!」と叫んでも、こちらが変わらない限り子どもは変わらない。そもそも私たちにコントロールできるのは自分自身だけなのだ。

今、公衆の面前で子どもにキレる教師はほとんどいない。怒ることが単なるエネルギーの無駄使いで、誰も得をせず、不適切な指導だとみんな気がついたからだ。それでも攻撃的な指導をする教師はいまだに存在する。彼らは全体の5%を占め、これは授業を妨害する子どもの割合とほぼ同じだ。彼らを放置すると、いずれ手が付けられなくなる。あなたもそういう人を知っているはずだ。彼らは授業が始まるや否や、子どもにありとあらゆる制裁を加えて、心底軽蔑しているような話し方をする。そしてフランス人がチェダー・チーズを馬鹿にするように、ポジティブな行動支援をあざ笑う。彼らの指導法はアメとムチと呼ばれているが、往々にしてアメはなく、ムチだけを使いがちだ。

同時に、一貫した大人の姿勢が子どものふるまいを劇的に変えるという事実は、一貫した懲罰も効果的だという証明によく使われる。厳しい制裁や威圧的な指導も一貫しているからだ。しかしそのような学校で犠牲になるのは、そのやり方に適応できない子どもたちだ。彼らが自分なりに努力しても、結果が出る前に退学を言い渡されることになる。問題行動を起こす子がいなくなれば、その学校は〝安泰〟。問題のない学校としてキラキラした広報活動ができる。懲罰が効かなかった子どもは放り出されて〝よその学校の問題〟になり、学校管理職は得意げな顔で政治家と写真に納まる。非常によくあることだ。

もちろん懲罰式を拒否した子どもは、優しく穏やかな環境で一貫性のある大人と他の子どもたちに温かく迎えられて、そこで大きく成長する可能性もある。

13歳～18歳の子どもで見ると、退学者が卒業者の半数を超える学校があります。
――フィリップ・ナイ[1]

教師の間では教育について多くの価値観が共有されているが、こと生徒指導に関しては意見の分かれることがある。多くの人が、これまでに勤務した学校の校風や子どもの頃の経験、自身の育児体験、政治的信念に培われた指導法を大切にしている。そのやり方を変えてもらうには、「みんなのためになる」ということを強調し、理由を示す必要がある。

みんなの幸せのために全員が少しずつ歩み寄って協力することで、教師はより強くなり、子どもに明確なメッセージを発する一貫性が生まれる。その過程では、チームのために自分の好みを妥協せざるをえない人が出てくることもあれば、指導法を変える必要がある人も出てくるだろう。

しかし、育児の話でも触れたが、大人の間で価値観にズレがないとき、価値観と行動が完全に一致しているときにこそ、真の一貫性が生まれる。最初から価値観に少しでも相違があると、実行するまでに一貫性は崩れてしまう。

感情的な教師にかかるコスト

教師の言動がぶれると、さまざまな弊害を生み、他人の仕事をかなり増やしてしまう結果になる。教師が指導の際、感情的になってコントロールを失った場合の例を見てみよう。まず他の教師が介入して報告書を書く必要があるし、子どもを居残りさせる場合はその子を見ている人が必要になる。保護者に会い、その場にいた人から話を聞いて、指導室に呼び出すときはその監督役もいる。授業中に

内　容	コスト	小　計
学校管理職が介入したときの人件費	5ポンド／10分	
主任教諭が対応する際の人件費	3.5ポンド／10分	
事実確認と調査報告書を作成する人件費	3.5ポンド／10分	
学校管理職が保護者面談をするときの人件費	5ポンド／10分	
事務手続きにかかる人件費	3.5ポンド／10分	
子どものカウンセリングにかかる人件費（職員2名）	6.6ポンド／10分	
問題1件当たりのコスト合計		

あなたの学校にいる感情的な大人のコストはどれくらいかかっているだろう。

1　P. Nye, Who's left: the main findings, Education DataLab (31 January 2017). フィリップ・ナイ、デイブ・トムソン「排除された子どもたち」教育データラボ（2017年1月31日）https://ffteducationdatalab.org.uk/2017/01/whos-left-the-main-findings/

こっそり携帯電話をいじっている子どもよりも、「あの子が謝るまで、私は授業をしません!」と言ってきかない大人の方が、学校に与える損害はずっと大きいのだ。

ベテラン教師が安定感の大切さについて教えてくれること

教師の中には、眉を上げることやわずかな手の動き、あるいは一言発するだけで、いとも簡単に子どもたちの行動を正しているように見える人がいる。彼らが廊下を歩き、横をとおり過ぎるだけで、子どもたちのふるまいが変わる。まるでハリー・ポッターの世界だ(Behaviourarmus《ビヘビラルモス》, なおれ!)。一見すると、まるで魔法でもかけたようだが、何年もかけて子どもと信頼関係を築き、不動の安定感を培っているからこそできる技だ。そのような環境では、子どもたちは優れた行いをすると認められることを知っている。また、それと同じくらい、悪いことをすればそれ相応の結果が待っていることを理解している。

生徒指導のうまい先生に共通するのは、安定感ではないだろうか。揺るぎない姿勢を厳しさや抑圧と混同し、無慈悲な制裁が筋を通すことだと勘違いしている人は多いが、安定感を出すために怒りや攻撃性は必要ない。ただ安定しているというだけで十分意味がある。ベテランの先生と話をすると、彼らがめったに罰を使わないことに驚かされる。子どもの扱いがうまいので、恐ろしい拷問道具を山ほど隠しもっていそうだが（実際に私の担任はもっていた）、彼らの武器は一貫した基準をもっていることだ。それをクラス全員が守り、尊重している。

自分のクラスの子どもは自分で指導する

自分が受けもつ子どもの対応を上司に依頼すると、あなたはその子からの信頼を失う。問題行動が悪化したときに、「もう私の手には負えません。サーベッジ先生に対応をお願いします」と宣言することは、一見合理的な判断に見える。しかしそれをすれば、その子がドアをバタンと閉めて教室を出ていき（あなたは廊下に走り出て「ドアは静かに閉めなさい！」と叫びたい衝動をぐっとこらえて我慢）、他の子は唖然としているだろう。というのも、他の人に対応を依頼することは、あなたには対応する力がないと自分から言っていることと同じで、子どもに「この人は頼れない」という印象を植えつけるからだ。

片や対応を頼まれた方の先生は、自分の影響力を再確認してご満悦。問題を抱えた子どもにも喜んで対応する。ふてくされた子が自分の〝ヘアードライヤー[2]〟を浴びに来る度に、あなたを助けているという満足感を味わう。そしてあなたは誰かに対応を依頼する度に、子どもの信頼とあなた自身の威厳を失っているのだ。

もちろん、上司の力を借りずに子どもの問題行動に1人で耐えろというわけではない。私が同僚に助けを求めるなら、次の2パターンにする。

1．自分が落ち着くまで子どもを見てもらい、落ち着いて話せるようになったら自分で指導する。

2．私の言い分が独りよがりではないことを子どもに示すために、指導の場に同席してもらう。

ただ子どもを懲らしめるためだけに鬼のような上司のもとへ送ると、そのときは気分がよくなるかもしれないが、その代償は大きい。失った子どもたちからの信頼や威厳を回復するために、数週間、または数ヶ月かかることもある。

安定感は懲罰に勝る

心に傷を抱えた子ほど、あなたの安定感を必要としている。その子のため、そして指導を成功させるためにも、子どもにとって予想外のことや変化の少ない環境をつくることが大切だ。そのような環境があって初めて、彼らは安心して学びに向き合える。

教師は「変わらない」ことがむずかしいのもわかる。正解のわからない世界で、試行錯誤をくり返すのが当たり前の仕事だからだ。とりわけ、新しいクラスで足場を固めているときは、常にすべての決断で一貫性をもたせることは困難だろう。

それでも、学級経営の基盤が教師の安定感であることに変わりはない。教師の揺るぎない姿勢が子どもの不安を取り除き、安心して学べる環境を生み出す。

安定感を築く方法

1. 子どものふるまいが悪化する場合は、まず大元の問題から対処する。
2. 自分が絶対に守りたいと思うことは教室の目立つところに貼り、道を外れたら子どもたちに指摘してもらう。

2　元マンチェスター・ユナイテッドの監督、サー・アレックス・ファーガソン氏で有名な怒鳴りのテクニック〔濡れた髪が乾くほど強い圧をかけて叱責すること〕。私の知人でもある昔気質のバックル校長や、バリー・ハインズの小説『ケス　鷹と少年』〔高橋鍾訳、彩流社、1998年〕に出てくるグライス校長も使う手法。

3. 子どもの不適切な言動がエスカレートするときは、セリフを読むように淡々と対応する。
4. 子どもがよいことをしたときは、保護者に電話をかけたり、いいねカードを送ったりしてポジティブな一貫性を強化する。この方法は、どんなに不安定な家庭でも喜ばれる。
5. ルールや手順、目標とする学習習慣を子ども全員が理解するまで説明する。自由度が高く、まとめることがむずかしそうな活動にもルールや手順を定める。
6. 適切な行動と不適切な行動の基準をクリアにする。それを保護者にも共有し、その基準に合わない対応をしてしまったときには謝る覚悟をもつ。
7. 「授業が終わるまでこの課題に集中できたら、褒められてご褒美がもらえます。だけど約束した手順を守らなかったら／こっそりままごとをしたら／誰かの消しゴムを食べたら注意されます」という風に、行動の選択と結果を、あらかじめわかりやすく示す。
8. 矛盾した対応をしてしまっても、自分を責め過ぎない。子どもに謝って一貫性のある習慣やルーティンに戻る。
9. 些細な問題行動では上司に対応を頼まない。本当に必要なときに助けてもらいにくくなる。
10. 指導は、子どもが問題を起こしたその日中にする。そうすることで、どの子も毎日新しい気持ちで1日を始められる。

自信がなくても、あるようにふるまう

「自信があるようにふるまう」とは、生徒指導で迷ったときでもそれをうかがわせないということだ。あなたに確信がないことを、子どもに悟られないようにしてほしい。どんな状況でも適切に対応できるようになるまでは（私もまだそこには到達していない）、自信がもてないときのために、あらかじめ準備をしておくといいだろう。緊迫した状況で次の一手に迷ったら、次のような言葉で時間を稼ぐ。

- 「どうするかは、あとで伝えます」
- 「少し落ち着くまで時間をとりましょう」
- 「十分に情報を集めてから決めます」

人は自分の感情をコントロールできなくなると、他人の行動をコントロールしようとする。生徒指導において、教師のマインドセットは極めて重要で、あなたの価値観や考え方が、子どもとの接し方にも影響する。子どもの行動をどう解釈するかによって、あなたの対応が決

まっているということだ。

例えば、子どもは教師を敬ってしかるべきだという考え方の学校と、敬意は行動についてくるものだと考える学校とでは、子どもの叱り方が違う。子どもが悪いことをしたら罰せられるのは当然だと考える学校と、子どもが抱える問題を解決するために、子どもに必要なものを提供すべきだと考えている学校とでは、問題行動に対する対応が異なる。

もしあなたが罰は有効だと思っているなら、子どもへの制裁はどんどんエスカレートするだろう。教室で椅子を投げて暴れる子を見て、「社会の荒廃が原因だ。みんな地獄に落ち、文明社会が終わる」と思う人は、その子に対して過剰な反応をする可能性が高い。あなたの個人的な考えや感情を生徒指導にもち込んではいけない。よい教師は学校でエゴを出さない。自分の感情や私的な問題ではなく、子どものことを考えている。ただでさえ生徒指導はむずかしいものだ。自分の欲求不満や偏見、気分の浮き沈みに合わせていたら、なおさらむずかしくなる。

教師としての適切なふるまいを学ぶ機会は基本的に限られていて、たまにある詰め込み型の研修は一貫性もなく内容が薄い。教育実習生を前に30分話をして、最後には「自分に合ったやり方をみつけてください」と責任を丸投げする研修がいまだにある。

生徒指導に適した教師のふるまいは直感的にできる人が少なく、後天的に習得していくものだけに、このようなやり方は言語道断だ。生まれたときから誰かの問題行動にうまく対処できる人などいるはずがないので、学んで身につける必要がある。

かなり対応のむずかしい子どもが全体の5%いるように、教師の中にも、どうしようもない人が一定数いる。全体の利益のために、他に行ってもらうしか方法がない場合もある。サポート体制を整え、明確に基準を示し、思いやりをもって接し続けたとしても救えない人はいるが、それでも大半の人は心を入れ替えて行動を改める。大きな問題を抱えた子ども同様、教師も周りの助けを借りながら自分の問題を解決できるようになる。

悪い習慣、感情的な反応、中毒的な怒り、共感力の欠如は、年齢や性別に関係なく誰にでも共通する課題だ。生徒指導のアプローチを統一して学校の文化として定着させるために、怒りや問題を抱えた教師にも同じアプローチをとってみよう。

あなたが毎日実践できそうな「大人としての正しいふるまい」には、どのようなものがあるだろう。最初は2ヶ月くらいで構わない。子どもにもよい影響を与えそうな習慣を3つ実践してほしい。普段学校ではしていないこと、あなたが取り入れるべきだと感じていることで大丈夫。子どもの年齢やあなたの性格、状況や校風に合わせて、継続できそうなことを決めてほしい。ただ、「常に笑顔でいること」を目標にすると失敗する可能性が高く、「先生、また教育の本を読んでるの？」と子どもたちに言われかねないので注意が必要だ。

大人の方が守れないルール

ブラジルのサンパウロで保護者向けの教育セミナーを開いたとき、終了後に1人の女性が近づいて来て、恥ずかしそうに言った。「今日のお話は、まさに私のことです。すぐ頭に血が上る。子どもに重い罰を与えて最後まで実行できない。本当に、先生がお話しされたとおり。先日も13歳の息子が、いつもより1時間ほど遅く帰宅しました。外は暗くなっていたので心配しました。携帯電話をもたせているのに、連絡がなかったのです。私はパニックになりました。息子の友達全員に電話をして、警察にも連絡するところで——夜のサンパウロは危険なのです——息子が何事もなかったかのように帰ってきました。私はキレて息子に怒鳴りました。そして、あまりにも腹が立ったので、1年間外で遊ぶのを禁止しました」

それを聞いて思わず苦笑い。「それで、どうなりました?」

「まだ1週間しかたっていないのですが、もう後悔しています。息子はずっとリビングに居座って、テレビを独占しているんです。毎日友達が来て、それがあと50週間も続くなんて耐えられません。どうしたらいいでしょう」

怒ったときに一番厳しい罰を与えたくなる気持ちはわかるが、それは避けたほうがいい。

やってしまったことに対して重過ぎる罰を課したり、お仕置きをしたりしなかったりすると、一貫性がなくなる。子どもは自分の行動に対する大人の反応を予測できる必要がある。つまり、どんなことをするとどんな結果になるか、あらかじめ知っておく必要があるのだ。公平さに関しても敏感なので、「一生遊ばせない」などという不条理な仕打ちは受け入れられない。

大人の態度にばらつきがあると、子どもは何が正しくて何が悪いのかわからないまま生きることになる。それにあなたの安定感は、その子が得られる唯一の安定かもしれない。

だからこそ周りの大人が足並みをそろえて一貫した姿勢を示すようになると、その効果は絶大なのだ。

生徒指導を考える上で参考になる子どもへの質問

1. あなたは学校の行動規則をすべて理解していますか？
2. 校内で問題行動が起きたとき、先生は全員同じ対応をしていますか？
3. 先生が問題行動を無視することはありますか？
4. 先生はよいふるまいの手本になっていると思いますか？
5. 先生以外の学校職員は、よいふるまいの手本になっていると思いますか？

6. あなたによい影響を与えていると思う先生は何人いますか？
7. あなたが尊敬して、仲よくしている先生は何人いますか？
8. クラス内の問題行動にうまく対応していると思う先生は何人いますか？
9. 校内の問題行動にうまく対応していると思う先生は何人いますか？
10. 通常、クラスが落ち着いて授業が始まるまでにどれくらいの時間がかかりますか？
11. あなたが教室に入ったとき、先生は大体何をしていますか？
12. あなたが授業に遅刻するとどうなりますか？
13. あなたが何かをがんばったとき、「よくやった」と褒めてくれる先生は何人いますか？
14. あなたは先週先生から何回褒められましたか？
15. あなたは先週、学校で何回警告や罰を受けましたか？
16. 週に何回ぐらいクラスメートの問題行動で授業が中断されますか？
17. クラスで一番注目されているのは、一生懸命努力している子ですか？ それとも問題を起こす子ですか？
18. あなたは先生によってふるまいを変えていますか？

教室で取り入れるには

実践

来週、次のうち1つを実践してあなた自身のレジリエンスを試してみよう。

子どもに抜群の効果を発揮する教師の行動

1. 子ども一人一人について、今まで知らなかったことを意識して探す。
2. 成果ではなく努力に目を向ける。
3. 子どもの間違った行動に対する自分の感情を口にしない。
4. 怒鳴らない。
5. 言葉以外の合図を増やす。
6. 優れた行いを見つけたら評価する癖をつける。
7. 授業は毎回、前向きなふり返りをして終わる。

留意点

子どもは大人たちの対応の違いを利用する。「○○先生の授業では～させてくれた」という主張は意外によく通るものだ。秩序を乱したがる子は、本能的に大人同士を対立させようとする。多くの子どもが家庭でこのスキルを磨き、学校でも利用するのだ。

彼らは教師の間に見られる矛盾点に飛びついて面白がり、ときに情け容赦なく利用する。悪いことをしている子に声をかけると、「でも○○先生は7人同時でもトイレに行かせてくれたよ。○○先生はいつもそうなんだ」「○○先生はみんなと同じルールを使っていません。先生が知らないだけです」という反論をよく耳にする。

ポイント

□「教師の後ろで保護者がみている」とは、とある経験豊富な副校長が教えてくれた言葉だ。彼は私にこう言った。「ポール、簡単だよ。悪いことをした子どもを冷静に指導したいときは、自分の後ろにその子の保護者がいて、君の対応を見ていると思いなさい。そうすれば間違いを犯すことはないだろう」。私も同感だ。これ以上完璧なアドバイスはない。

□「世界最高の教師なら、どうするだろうか」。これは私が対応に迷ったときに、いつも自分に問いかける言葉だ。大体よい案が浮かぶ。

□自分が幸せを感じる瞬間を知っておく。大人は自分の感情をコントロールする術を知っておくべきだ。困難に直面したときも、気分を変えて合理的な対応ができるように、自分が幸せを感じる瞬間を想像してほしい。

ある代替教育施設に素晴らしい教師がいた。彼は自分が幸せを感じる瞬間――カリブ海のビーチで冷たい飲みものをもち、白い砂浜に打ち寄せる波の音を聞いているところを想像すると、うっとりしていた。ときどき子どもを指導しているときでもその世界に行ってしまうため、それまではちゃめちゃに怒っていた子どもでさえ、「いや！　そこに行かないで！」と叫んで彼を止めようとしていた。

子どもが大変なときに現実逃避をしろと勧めているわけではない。しかしその知り合いの場合は想像力を使って見事に緊張を和らげていた。子どもたちは、血管が浮き出るほど怒る教師ではなく、幸せな瞬間を想像して感情をコントロールしようとしている教師の姿を見て、自分たちの行動が度を超していたことに気づくのだ。これは他の教師も参考にできる方法で、怒りをコントロールできない子どもにとってもよい手本になった。

Column 4

教育省にて

ある木曜日の午後3時、私の携帯電話が鳴った。教育省からの電話で、すぐに来てほしいと言う。とっさに「何か悪いことをしたのか？」「誰かを怒らせたのか？」と背筋の凍る思いだった。それまで、教育省から電話がかかってくることなど一度もなかったのだから。

話を聞くと、教育省は数ヶ月前から専門家を集めて教職基準〔Teachers' Standard. イギリス教育省が発行する、教師に求められる教授能力の基準を示したもの。教科教育に関する内容と、教師としてのふるまいや専門性に関する内容が含まれる〕を作成しており、明日の朝公開予定だと言う。「それはいいですね。読むのが楽しみです」と答えたら、「すみませんが、あなたのお力をお借りできませんか？　生徒指導の項目に少し不安があります。今夜教育省に来て、明日の朝までに手を加えていただけますでしょうか？」と言われた。

私は14歳のとき、いつか学校の生徒指導を変えてやると誓った。その頃から、生徒指導が変わればみんなが幸せになるという確信があったため、これはまたとないチャンスだった。

教育省に着いたのは夕方6時半。職員がどんどん帰宅する中、私は一室に通されて要綱案を受け取った。生徒指導は子どもの頃からずっと考えてきたテーマだ。修正に時間はかからなかった。翌朝、それを教育省に提出する際、彼らの要望に添っているかが気がかりだったものの、1点を除いたすべての内容が採用された。そのときの気分は最高で、生徒指導の方向性を変える機会をもらえたことに、今でも感謝している。

ただ教育省に唯一却下された項目は、私が一番大切だと思うこと——教師自身の感情のコントロールだった。政府機関がそのような基準を設けることがむずかしいのは理解できる。教職員組合が異論を唱える可能性もあるだろう。それでも生徒指導において教師の感情のコントロールが重要であることに変わりはない。

今後教育省から教職基準の作成を依頼されることはないかもしれないが、また声をかけてもらえたらうれしい。生徒指導をする上で一番重要な教師の行動基準が明確になるまで、他の方法を試し続けるまでだ。

教育省に却下された項目は、最終的に「生徒の問題行動に対応する際、教師は自己の感情と言動をコントロールする」と表記された。しかし私が本当に書きたかった内容はこうだった。

「教師は否定的な感情を完全に排除し、プロとして合理的な対応をする。ネガティブな感情を一切表に出さない。顔をしかめない。いら立ちを声色に出さない。きつい言葉を使わない。怒鳴ったり指をさしたり威圧しない。子どもがどんなにひどいことをしても淡々とした反応を返す。驚いたそぶりを見せない。1ヶ月間冷静な対応を心がければ、それが当たり前の習慣になり、どんなに厳しい状況でも自然にできるようになる」

筆者が13歳のときに受け取った通知表より

遅刻癖、欠席癖、愚かなふるまい、授業の妨害を除けば、そう悪くありません。

CHAPTER 5

学級経営の要になる習慣をつくる

あなたの学級に卓越した習慣を

あなたがクラスで行うルーティン（習慣）は、学級経営を左右する中心の歯車だ。上手に使うと子どものふるまいが根本から変わる。そういう決まった習慣がないと、指導はよりどころをなくして不安定になる。子どもはあなたがくり返すルールや習慣を手がかりにして授業に参加している。この習慣が、よくある問題行動を抑制したり、混沌とした状況をしずめたり、瞬時に全員を授業に集中させたりする力をもっているのだ。

あなたはすでにそうした習慣をもっているかもしれない。よいものがあれば、悪いものもあるだろう。例えば、「トーマスが机の上を片付けるまで、黙って全員で待つぞ。夕方／学期末になっても構わない。サッカーの練習に行けなくても／おいしい食事を逃しても／最初の子どもが生まれたとしても待つぞ」という具合だ。かと思えば些細な理由――忘れものをした、制服の着方が悪い、化粧をしている、「おかしな目で見た」という理由で子どもを一列に並ばせて叱責し、「これでもっと勉強するようになるだろう」と考えている教師もいる。

このタイプの習慣は、子どもに対する攻撃性と怒り、非難に満ちていて、それに渋々従わされた子どもは陰で報復を企てる。その場では教師に従わないと、みんなの前で恥をかかされるからだ。全員が嫌な気持ちになるし、はっきり言って無用の習慣だ。

それよりも、子どもを励ますようなポジティブな声かけを習慣にした方が建設的で、どの子にとっても居心地のよいクラスになる。「椅子を片付けるときは、３つ積み重ねるんだよ」

「モニーク、まだ準備は終わってないよ。道具を片付けた方が、もっと作業がしやすくなるね」
「君なら、きっともっと優しく／穏やかに／離れて話せるよね」というように。

教師がよく考えた上で取り入れたルールを終始一貫して実践すると、子どもは生産的な学習習慣を身につける。小学校の慌ただしい図工の時間も、片付けの合図さえ定着していれば、みんなが一斉に整理整頓や掃除をするようになる。そうなるまでには、絵の具をかける、小競り合いをする、水をこぼす、制服を汚すという現在の習慣を改める必要があり、それには時間がかかるが、諦めないことが大切だ。手順を分解して教師が手本を見せ、どのようにするのが正しいかを思い出させ、納得させ、励ましたり褒めたりしながら、新しい習慣を徐々に身につけてもらう。それを毎日コツコツ続けるのは大変だが、その効果はとてつもなく大きい。

行き過ぎた習慣化

しかし、中には習慣化をやり過ぎる教師もいる。決めた習慣を完遂しようとするあまり、子どもが意思をもった人間だということを忘れてはいけない。生徒指導や行動支援が単なる習慣遂行の管理になってしまうと、教育の境界線を越えて服従を要求するようになる。

アメリカの学校では、さまざまなハンドサインが使われていて、ティッシュが必要なときは指を1本、隣の子が悪いことをしているときは指2本、質問があるときは指を3本立て、発言したいときには手でCのかたちをつくったりする。私の一番下の息子にはこの習慣が深く刷り込まれていて、家で食事をする際もハンドサインを使う。このままいけば、ケチャップが欲しいときはギャングが使うようなハンドサインを出し、「グリーンピースは食べない」と指を2本立てるようになるだろう。

子どもにいろいろなサインを教え、笛が鳴ったらワンと鳴く犬のように、彼らが怒って振り上げた拳を下ろさせることは可能だ。しかし、それでいいのだろうか。

このように細かいルールを使って行動を習慣化すると、従順な子は嫌々ながらも従う。しかし、問題を抱えて誰よりも行動への支援を必要としている子ほど、飼い慣らされることを拒んで罰せられる運命にあるのではないだろうか。彼らはあなたが導入したのとは違うハンドサイン（教師が絶対に教えていないもの）を出して教室を出て行き、このやり方に無理のあることが証明される。本来、彼らのような子のためにつくられたシステムにもかかわらず。

悪夢のサーカス

私はイングランド西部にある学校で支援員をしているときに、素晴らしい体験をして教育に情熱を注ぐようになった。学校演劇のプロデュースや水泳チームの指導をして、子どもとの楽しい時間を満喫していた。仕事に慣れると先生から代理授業を頼まれるようになり、経験はほとんどなかったものの、それも問題なかった。どうやら教師の仕事が向いていたようだ。もちろん実際の能力は、表向きよりもはるかに低かったのだが。

思い上がっていた私は、小学1年生の体育の授業で代理を務めることになった。子どもはみな5～6歳児。簡単だと思って引き受けたのだ。担任の先生が子どもを着替えさせてから引き継いだ。

教室からきれいな一直線で歩き、体育館の入り口で意気揚々と立ち止まった私は、中に入ったら輪になって座るよう指示。みんな笑顔だ。私はマットを使ったワニの沼ゲームや、カーペットタイルを使った〝落ちたら負け〟ゲーム、引っくり返したベンチを2つ使う〝恐怖の道〟ゲームをしようと考えていて、これからくり広げられる素晴らしい45分間に胸を躍らせていた。

しかし体育館の中に入ると、目を疑うような大騒ぎが始まった。子どもたちは全速力で走り回っている。私は中央に立ち、威厳のある教師らしい声で「止まりなさい！」と言った。しかし声を大きくしても、叫んでも子どもたちは止まらない。かえって速く走り始めた。そのとき、体育教師の必須アイテムである笛を首から下げていることを思い出した。高校の先生は、笛をピッと吹いただけで全員を静かにさせていた。自分も笛を吹けばいいのだと思ったのだが、吹いた瞬間に後悔した。子どもたちは笛の音を聞いて、ますます騒がしくなったのだ。叫び声や悲鳴が飛び交い、動物のような奇声も聞こえていた気がする。

もはやなすすべがない私は無力だった。そのとき笑い声が聞こえてふり返ると、体育館の入り口に人が集まっている。騒ぎを聞きつけて、４人の同僚が見物にきたのだ。軽口をたたく余裕もない私を見て情けをかけてくれた。体育主任が中に入って「はーい、止まって！」と叫ぶと、周りを駆け回っていた30人の子どもたちが一斉に止まって静かになった。全員が彼をみつめ、次の指示を待っているようだ。すると体育主任は優しく合図し、みんなその場に座った。そして次の合図で集合し、授業を受ける体制が整ったのだ。

私は心から主任に感謝するとともに、教師の仕事は見た目以上に奥深いものだと思った。クラス全員が受け入れ、日常の一部になった習慣こそが教育の核になる。あのとき体育主任が見せた「止まって！」という言葉、ジェスチャー、合図と沈黙は、彼がずっと習慣化してきたルーティンだったのだ。

基本になる習慣

以下は、よい教師が必ず実践している基本的な習慣の例だ。第1章で紹介した「子どもを温かく出迎える」と合わせて参考にしてみてほしい。

1．みんなが静かになってから指示を出す

静かになるまでのカウントダウンは、工夫を凝らすと効果が高まる。例えば、子どもを褒めながらカウントダウンする。「5」と言う前に、すでに注意を向けている子をさっと確認する。「5、カール、いいよ。もうノートを出して先生の方を向いているね。4、エリー、こっちを向いてくれてありがとう。3、そこの班は1番準備が早いね。2、ラジ、もう少し！ファイ、あとは椅子の背もたれに上着をかけるだけ。1、サム、急げ！　0、リリー、間に合った。みんなありがとう。全員、先生に注目」という具合だ。

子どもたちがこのパターンに慣れたら、もっと趣向を凝らしたカウントダウンを取り入れることも可能だ。5ではなく3から数え始める、子どもの1人にカウントダウンをしてもらう、音楽を合図にする、スクリーンにタイマーを映す、声の代わりに打楽器や手拍子を使うなど、クリエイティブなカウントダウンをしよう。子どもを注意するときにはあえてフルネームで呼ぶように、もし盛り上がりすぎて真剣なムードに戻したいときには、数字だけのカウントダウンに戻ることで、今は真面目にすべきだということが子どもにも伝わる。

スクリーンや黒板に映すタイマーの速度を変えてみると、子どもの反応にも違いが出る。カウントダウンの速度が速いほど、みんな急ぐ。速度が遅いと、子どもはまだリラックスしたり、サッカーやSNSの話をしたりする時間があると思うようだ。100分の1秒まで表示するタイマーは、パニックにならない程度のほどよい緊張感を与える。高速のカウントダウンとテンポの速い音楽を組み合わせると、リズムの推進力と相まって最大の緊張感が生まれる。

また、「先生に注目」というのはシンプルでわかりやすい指示だ。この言葉を聞いたら教師の方を向くという習慣は、どのクラスでも練習して身につけてほしい。時間をかけてでも習得してもらう価値があり、必須のものだ。

指示を出す際に最初から目が合えば、指示内容が相手に伝わる可能性が高くなる。しかし、ずっと目が合っている必要はない。しばらくすると、子どもは下を向いたり、視線をそらしたり、落書きをし始めたりするだろう。それは大人だって同じだ。よく「人の話を聞くときは、話している人の目を見なさい」と言われるが、ずっと目を見ていなくても、人の話を聞くことはできる。

ただし、子どもが窓の外を見て鳥を数え始めたら、「クロエ、先生の方を向いて」と言って素早く注意を取り戻そう。小さい子どもには「授業を聞いてください」と言うよりも、「背筋を伸ばして先生の方を見ながらお話を聞いてください」と言う方がわかりやすいだろう。

もちろん、子どもがあなたを見ているからといって、必ずしもあなたの話を聞いているというわけではないけれど、現時点で私の知る限り、見ていないよりは見ているときの方が、話を聞いている確率が高い。

2. 決まった指示の出し方をする

作業を始める前の指示の出し方は、かなり重要だ。最初に「グループで」「2人組で」という言葉を口にするとクラスがざわついて、その後の内容が耳に入らないことがある。毎回同じ順番で指示を出そう。

①最初に締め切り日時、次に課題の内容を伝える：最初に締め切りや終了時間を告げると、子どもはその後に伝えられる課題の内容を聞きながら時間配分を考えられる。

②資料に関する情報を伝える：その課題に必要なものと、それのある場所。

③期待している成果物のイメージを伝える：どんな成果物を求めているか、どのようなものが評価されるか基準を明らかにしよう。これは子どもと話し合って決めても構わない。

④作業の人数を伝える：1人で静かに取り組むものなのか、2人組でするのか、グループでするのか、誰がどこに座るのか、など。

⑤話を聞いてほしいときの合図を伝える：例えば、「先生がクラス全体に話をしたいときは、カウントダウンをするよ」など。

作業前には必要な情報を適切な順番ではっきり示さないと、よい成果物は生まれない。課題を出すときは、毎回同じ順序で指示を伝えよう。しばらくすると、自然にその順番で指示が出せるようになる。たとえあなたが何かを言い忘れても、子どもの方から聞いてくるようになるだろう。

3．授業中のリフレクション

授業中に教師が一時停止して子どもの理解度を確認し、その後の進行を考えることは大切だ。タイミングはいつでも構わない（とはいえ、数分おきにするのは多過ぎる）。状況を見ながら決めるのがよく、私は1回の授業で1～2回にしている。

やり方はこうだ。子どもに質問したときの反応を見て、説明を追加する、説明の仕方を変える、子どもの席を変える、授業の構成を変えるなどの対応をする。子どもに質問するのは、その子に恥をかかせたり、出来のいい子と悪い子を分けたりするためのものではない。子どもが学ぶ上で必要としている情報を補うことが目的だ。子どもの理解度を計り、それを授業に反映させるために質問していることを忘れないでほしい。

理解度の確認をした後は、必要に応じてグループを再編成する、子ども同士の協力を促す、全員が理解できているグループは子どもだけで課題を進めてもらい、あなたは別のグループについて集中的にサポートするなど、次のアクションを決める。

■授業の早い段階で子どもにする質問

手順はわかりますか？　一緒に組んでいる人と協力できていますか？　課題に集中で

きていますか？

■授業の最後にする質問

今日の授業をどれくらい理解していると思いますか？　気になっているところはありますか？　質問したいことはありますか？

■学習態度に関する質問

授業に集中できましたか？　授業の前に予習してきましたか？　他の人の邪魔はしませんでしたか？　授業中、誰かを助けましたか？

このようなリフレクションが習慣化すると、より深い学びにつながり、自ずと授業に集中して静かになる。授業をもっと楽しめるようになるのもよい点だ。日本人には*Hansei*(反省)という習慣があり、学校教育や規律を学ぶ基礎になっているらしい。リフレクションは、ぜひ子どもにも身につけてもらいたい習慣だ。

4．子どもに目標を決めてもらう

目標の設定を子どもに任せると、子どもの主体性や自己肯定感が高まり、責任感が強くなる。何を成功とするか考えてもらうことで、優れたふるまいをイメージでき、そのために何をすべきかが明確になるのも利点だ。

　子どもが自分の意見を評価され、尊重されていると感じるように、教師は次のようなことを習慣化するとよいだろう。

■教師が例や見本を出す場合は、子どもが応用したりしやすいものを選ぶ。できるだけ子どもが出したアイデアを基に話し合うのが理想で、教師の作った見本が完璧なときほどそれを口に出さない方がいい。あなたが出演した『ハムレット』は、ロイヤル・シェイクスピア・カンパニーが見逃したことを悔やむような大成功例かもしれないが、その出演者が目の前にいては、子どもたちは正直な意見を言えなくなる。

■教師は子どもの書記になる。私は子どもの輪の中で大きな紙を広げ、椅子に座った子どもたちに見下ろされるかたちで、床に座ってみんなの意見を記録するのが好きだ。彼らの発言を〝もっといい表現〟に書き換えたくなっても衝動を抑えることが大切。子どもの言葉通りに書く。なかなか意見が出てこないときも辛抱強く待ち、気まずい沈黙を楽しもう。必ずいいアイデアが出てくる。

■意見が出つくしたら、「これは全部誰のアイデア?」と子どもたちに尋ねる。これはアイデアの責任を認識させるための重要なプロセスだ。子どもたちは自分で決めた目標に向かって努力するのだと自覚することで、自分の行動と結果に責任をもつようになる。

■最後に、自信をもって達成できると思う目標、少しハードルの高そうな目標、かなりむずかしいと思われる目標を1つずつ選んでもらう。子どもたちの間で意見が分かれても構わない。なかなか自分の意見を言えない子に寄り添ってサポートしてほしい。

5．ルールは3つまで：3は魔法の数字《マジック・ナンバー》

新しいきまりは3つずつ導入しよう。いくら頭文字をとったり韻を踏んで覚えたりしても、人は3つ以上のことをすぐに思い出せない。最近会った学校管理職は、彼らの校則は頭文字をとると学校名になるから覚えやすいのだと誇らしげだった。行動に関するきまりは全部で6つ。私も「いいですね」と応えた。そして帰り際に、「ところで行動に関するきまりにはどういうものがあるのですか？」と尋ねたところ、彼らは手帳を見たり、ホームページを見たりと大変な騒ぎになり、「昨日まで全部覚えていたのですが…」と非を認めた。彼らは結局、

自分たちが懸命に作成したきまりのうち3つしか思い出せなかったのだ。

もしつくった本人が覚えられないのであれば、能力に差のある子どもたちに覚えられるはずがない。ましてや校則のような数百個のきまりを完璧に覚えるよう要求し続けても、子どもの大半はすぐに挫折してしまう。

教師はそれぞれ、活動内容や場所ごとに細かいルールをもっている。しかしその大半は、彼らが長い年月をかけて頭の中で勝手につくり上げたものだ。子どもがそれに反したときにだけ明かされ、子どもたちは初耳の情報に驚く。そして「宿題の答えはノートの右側のページにライム色でもなく緑色のペンで書いて、12月の第一火曜日の朝までに提出しないといけないなんて聞いてないんだけど？」という事態になる。守ってほしいきまりがあるのなら、あらかじめ子どもたちに伝えないと指導はできない。なぜなら、学校では些細なことでも、クラスや教科によってルールが異なるのだから。

試しに、同じ学校の先生方に教室の入り方のきまりを聞いてみてほしい。さまざまな回答が得られるだろう。簡単に統一できそうな基本の動作でさえ、これほど意見が分かれているのだ。

「整列して入ってくるのは嫌いだ。ただ教室に入ってくれればいいよ」

「私は勝手に教室に入ってほしくない」

「上着を脱いでから教室に入ってほしい」
「私のクラスは、子どもが教室に入ってすぐ『その日のテーマ』を話し合ってから、それぞれの席に座ってもらってる」
「出席を取り終わるまで私語は許さない。出席簿は法的文書で、私には正確な記録を残す義務が…（と延々続く）」
「1列に並ばせて、1人ずつ連絡帳をチェック。制服の着方が悪かったら叱って、『魚釣りでもしていたいよ』と愚痴を言ってから、1人ずつ素早く席につかせる。このルーティンは、誰に何と言われても変えるつもりはないね」

教室に入るという最も基本的な動作でさえルールがこれだけバラエティに富んでいて、しかもそれを子どもに明示していないのであれば（もしくは、ただでさえ子どもが緊張している新学期の最初の授業で冗長に伝えていたら）、一貫した習慣など身につけられるはずがない。

社会では今、同じ習慣を続けることの大切さが叫ばれている。学校でも教師によってバラバラなルールを減らして、シンプルにしてはどうだろう。考えてみてほしい。中学生は週に5日、1日6～8コマの授業に出て、それぞれの教師が独自に決めたルールを全部覚えなければならないのだ。

当然、図工と算数では授業の内容が違う。屋外で体育を教えることと、教室で小学1年生

（6歳児）に文字を教えることは別物だ。個々の授業のルールは、子どもの実態と内容に合わせて教師が決める権利をもつべきだ。しかし、各々の授業で最善の成果を出すために教師が決めるルールとは別に、学校全体で取り組む一貫性のあるルールや習慣も大切ではないだろうか。

人は反復を好む。脳は常にパターンを探すようにできている。子どもは自由で予測のつかない生活の方がいいと言うかもしれないが、実際は身近にいる大人がいつも同じ習慣をくり返している方が安心して学習できる。

同じことのくり返しは大切だ。習慣には力があり、学習前と学習中のリズムをつくる。子どもはパターン化された言動に敏感で、すぐ反応する。あなたが無意識にしている習慣を知りたければ、子どもに聞いてみるといい。

きまりの新しいあり方

ファンタスティック・ウォーキング（第1章参照）の成功を踏まえて、今私が協力している学校では「レジェンド整列」という取組をしている。その目的は明白だ。ダラダラと騒々しくドア付近でひしめき合うのを防ぐために、休憩時間や昼休み、一日の終わりの移動時に子どもが誇り高く完璧な整列すること。その効果といったら、まさしく伝説的だ。

この学校は校内の安全な移動方法を慎重に考えた結果、「ニンジャ移動」という取組もしている。移動の方法を明確に決めることで、移動時に発生する問題行動を予防しているのだ。子どもはどう動くべきかがわかっているため、馴染みのある習慣をくり返すことで選択のストレスから解放される。

「ファンタスティック・ウォーキング」や「レジェンド整列」など、決まった習慣にあえて大げさな名前をつけることで、まるできまりではないかのような印象を与え、教師たちは子どもを褒めやすくなり、楽しみながら実践できるようにしているのだと思う。

遅刻問題を解決したシンプルなきまり

ある学校では遅刻が長年の課題だった。子どもは近所の友達に会ってから登校したり（地方にある学校なので、のんびりしている）、エナジードリンクをゆっくり飲んでから登校したりして、始業時間に間に合わないのだ。教師も子どもが時間通りに来ないことを知っているため、始業ベルが鳴った後にコーヒーを追加したり、採点をしたり、タバコをもう１本吸ったりしていた。

遅刻の対応は教師によってバラバラだった。子どもが遅刻してきても、普通に「おはよう」と言って受け入れる人、教室の外で長時間立たせる人、廊下で怒鳴る人、何も言わない人。また、遅刻者は全員罰するというルールで動いているクラスがあれば、各教師の裁量に任せているクラスもあった。みんな学校全体で一貫した対応をとった方がよいとわかりつつ、誰も実践していなかったのだ。

子どもも教師によって対応が違うことを知っていたため、それを利用していた。普段は従順で礼儀正しい子どもでさえ、教科によっては授業開始10分後にレッドブルを飲み干してから動き始めるありさまだった。

遅刻に関するきまりは存在してはいたものの、山のようにある指導方針の中に埋もれているか、教師の頭の中で「そういうのもあった気がする」に分類されていた。というのも、決めたとおりにきちんと対応すると、書類作成やフォローアップ、居残りの監視で膨大な時間を費やすことになったからだ。

時間通りに来る子どもをきちんと評価し、教師がよい手本になるためにも、普遍的かつ一貫性のあるきまりをつくって学校を挙げて実践し、遅刻の問題に取り組む必要があることは明らかだった。

私はこの問題を解決するために呼ばれ、教師全員に集まってもらって遅刻の対応方法を決めた。最初の1ヶ月は、遅刻したときのルール（「ドアをノックして教室に入り、遅刻者の席で遅刻票を記入した上で次の指示を待つ」）を全教室のドアに掲示した。教師は全員教室の前で子どもを出迎え、校長と副校長は廊下にたまる子どもに教室に入るよう促した。そして学校の隣にある店（売上の大半は、その学校の生徒が買うエナジードリンクだった）と長い話し合いをして、同校の子どもがエナジードリンクを買うのを禁止した。

新しいルールはシンプル・明快だ。遅刻してきた子は、教室に入ってすぐのところにある遅刻者の席に座る（クラスによってはしばらくの間、椅子を何個も並べる必要があった）。遅刻票に遅れた理由を書いてから、近くの空いている席に座る。普段座り慣れた席に座れないことは、多くの子どもにとって十分なストレスだったようで、ほとんどの子が翌日から時間を守るようになった。

そして教師は時間どおりに子どもを出迎えるため、始業ベルが鳴る前に職員室から出るよう促された。その促し役は普段から嫌な役回りの多い副校長にお願いするしかなかったのだが、どう見ても喜んでやっていた。毎週金曜日には遅刻票が集計され、その結果が子どもの家に送られる。そうすることで嘘の遅刻理由を書いた子は保護者と話し合うことになり、虚偽の申告を防ぐことができた。

この取組を学校全体で一貫して継続した結果、教師の行動が大きく変わり、新しいルールも定着して、10日ほどで遅刻が激減した。それまでは遅刻したのにもかかわらず、アカデミー賞を受賞して熱狂的なファンの前でステージに上がるスターかのように教室に入っていた子どもは聴衆を喪失。教師に楯突くためにわざと遅刻していた子どもは反抗の手段を失った。

時間どおりに教室に入る子どもは正当に評価されるようになり、取組を始めてしばらくの間は、最初に来た5人にポイントが与えられた。そして1ヶ月が経過する頃には、友達がみな教室の中にいるため、遅刻常習者も遅刻を続けることがむずかしくなった。時間がくると廊下には誰もいなくなり、全員が教室の中にいたからだ。

想定していたよりは少し時間がかかったものの、みんながこのルールを理解して守るようになったため、ドアに掲示した遅刻時の入室手順は撤去した。その後、この学校は何度かこの取組の一貫性を引き締める必要はあったが、以前に比べればはるかによい状態から授業を始められるようになった。ベルが鳴った1分以内に廊下は静かになり、教師が笑顔で子どもを出迎えることで、全員が気持ちよく授業を始められるようになったのだ。

教室で取り入れるには

実践

　まず、学校生活全般に影響を与えると思われる基本の取組を考えて、次のページの中央の歯車に書いてみよう。そしてその周りの歯車に、その取組によって子どもがどうなるかを、よいものも悪いものも、それぞれ周りの歯車に書き込む。

　こうして見ると、一つの取組がさまざまな人に連鎖的な影響を及ぼしていることがわかるだろう。最初に影響を受けるのは子ども、次に同僚、保護者、他の学校職員、一般の人が続くと思う。

記入例

中央の歯車　すべての核となる取組。「一貫したきまりを用いて常に冷静さを維持する」「教室の入り口で子どもを出迎える」「表彰掲示板を使う」「問題行動をとったら、いったん

❶
❷
❸
❹
❺
❻

教室の脇に立たせておく」「子どもの席を工夫する」など。

2の歯車　「一貫したきまりを用いて常に冷静さを維持する」という取組の効果は、「子どもが教室に入るときの秩序が保たれる」「子どもが静かになる」「子どもが叫ばなくなる」「押し合いがなくなる」「それまでおびえていた子が安心して教師に話しかけられるようになる」など。

3の歯車　「教室の入り口で子どもを出迎える」という取組の効果は、「子どもが新しい靴の話をしてくれる」「子どもの笑顔が見られる」「昼食をもってきていない子に気づける」「子どもの上着を褒める機会がある」など。

4の歯車　「表彰掲示板を使う」ことの効果は、「教師を喜ばせたい子どもが優れた行いをするようになる」「カバンを使ってハンマー投げの練習をしなくなる」「やる気のある子どもがわかるようになる」「上着を正しい場所にかけるようになる」「授業中、１人ずつ発言するようになる」など。

5の歯車「問題行動をとったら、いったん教室の脇に立たせておく」ことの効果は、「言われる前にイヤリングを外すようになる」「授業を受ける心の準備ができていない子がわかる」「ふざけている子がわかる」「携帯電話を預けてくれるようになる」など。

6の歯車「子どもの席を工夫する」ことの効果は、「学習する上で相性のよい組み合わせにして、授業に集中できる環境を作る」「近くにいると問題を起こす子を離れて座らせられる」「全員黒板が見えるようになる」「どこに座るか迷わずに済む」など。

どんな取組でも、習慣になるまで継続しよう。指導のセリフと順番は頭に入っているだろうか。それは子どもを励まし、勇気づける表現になっているだろうか。ルールを強調するために何を使っているだろうか（ジェスチャー、立ち位置、声のトーン、音楽、道具、テクノロジーなど）。ルールを習慣化するために、どのような工夫をしているだろうか。ルールが完全に習慣化したときのビジョンは具体的に見えているか。そのとき子どもはどんなふるまいをしているだろう。あなた自身はどんな言動をとっているだろうか。

留意点

□新しい、または改訂した習慣を一度に導入し過ぎない。数が多過ぎると、すべてが中途半端な結果に終わる。１つずつ確実に習慣化していこう。

□文字が多い掲示物よりも、絵や、ルールを守っている子どもの写真などを使った掲示物の方が効果的だ。

ポイント

□習慣やルールは、まず子どもたちに内容を確認し、忘れているようであれば思い出させてから実行してもらう。

□他の大人（支援員や代わりの先生、飛び込み授業など）があなたのクラスで授業をするときにも、同じルールを使ってもらう。

□新任の先生がベテラン教師の授業を見学できることになったら、同席して、目には見えづらいベテラン教師の技や習慣を説明するといい。

Column 5

天賦の才能に見えるもの

私は16年前にジャグリングを始めた。最初の2年間は床に落としてばかりだった。才能や前知識はなく、ココ・ザ・クラウン〔アニメの道化師キャラクター〕のような親類もいない。でも私は何かに熱中することが大の得意だ。空港で飛行機を待つ間、郵便局で列に並びながら、徹夜の会議など、どこでもジャグリングをした。

数年後にはボール5個、ナイフ、調子のいいときは火のついた棍棒でもできるようになった。一時はプロになることを夢見ていたが、我が子やさまざまな支払いの請求書、仕事の存在を妻が思い出させてくれ、プロになることは思いとどまった。

たくさんの人が、みな同じことを言う。「どうやっているのかわからない」「自分には絶対できない」。私は「何かに熱中する力があって、根気よく練習すれば誰にでもできる」と言うのだが、「いやー、それは血筋だよ。生まれつきサーカスの才能があるんだ」と言って誰も信じてくれない。人は表面しか見ないが、その裏には絶対に避けてとおれない膨大な努力の積み重ねがある。

よい習慣が信じられないほどしっかり根付いているクラスがある。まるでメリー・ポピンズ〔子どもの扱いがとてもうまい、魔法が使える家庭教師〕の世界だ。先生が眉を上げるだけで教室がきれいになり、30人の子が目を見開いて着席して、静かに先生の言葉を待つ。先生が読書の合図をすると、机の上にさっと本が現われて、子どもたちは読書に没頭しているのだ。あなたの学校にも、そういう先生がいるかもしれない。彼らが一言発するだけで生徒は完璧にふるまう、うらやましい力をもっている。あなたがどれほど言葉を尽くしても（ほとんど言うことは同じ）改善できないふるまいを、だ。

「どうやっているのかわからない」「自分には絶対できない」と彼らに言ったことがあるかもしれない。しかし彼らは魔法使いではないのだ。生まれつき生徒指導の才能があったわけではないし、最初から知識があったわけでも、そういう血筋に生まれたわけでもない。

ジャグラーがむずかしい技を習得しようと没頭するように、優れた教師は素晴らしいふるまいを追求している。彼らは子どもがよい習慣を完璧に身につけるまで、決して指導の手を緩めない。そして何年もかけてその習慣を強化していくのだ。その噂は他の子どもたちにも伝わっている。下の学年の子は、その先生に教えられる前から、どのように行動すべきか知っている。そのような教師の優秀さは、才能ではなく情熱のたまものだ。

人から一度「生徒指導がうまい先生」と言われるようになると、努力の跡が見えにくくなる。そのような教師が生徒に出す合図はさりげなく、とても自然なので、周りにいる人は〝天才〟だと思い込んでしまうのかもしれない。

筆者が12歳のときに受け取った通知表より

一見行動の改善が見られるものの、裏では破壊的な影響を与え続けています。

CHAPTER 6

生徒指導の台本をつくる：意表を突いた愛と思いやりの力

態度と言葉、雰囲気
あなたが本能的に感じることとは逆のことをして意表を突き、状況を変える

教師の大半は、子どもが問題行動を起こしたときに介入するための「最初の一言」を自分なりにもっている。しかし、指導の途中で何を言うか、最後はどう締めくくるかまで考えている人は、ほとんどいない。そもそも、あなたはよく口にするその言葉をどこで学んだのだろう。自分の手には負えない状況になったとき、イライラしたあなたは子どもたちに何と言っているだろう。

以前、教師を潰す気満々のクラスを受け持ったときのことだ。私は最初の授業で、自分が子どもの頃に言われて大嫌いだった言葉ばかりを口にしていた。「どうして君を待たないといけないんだ」「君は家でもそんなことをするのか?」「全員居残りだ!」なんかだ。指導の言葉はあらかじめ用意しておかないと、自分が教師や保護者から言われて傷ついた、言ってはならない言葉が記憶の底からよみがえり、口をついて出てくる。

平静時であれば適切な表現を考える余裕もあるが、子どもが暴れているときにそんな余裕はない。とっさに出てくる言葉を直さないと、場当たり的な指導になって、あなたの一貫性がなくなってしまう。

「フリースタイル生徒指導」？

ある代替教育施設で生徒指導改革をした際、困ったときのために介入のセリフを準備することになった。教師が集まって台本を考え、できる限り（子どもは教師の言葉を最後まで聞かないこともある）そのセリフを使って生徒指導を始めたのだ。校長に進捗状況を尋ねると、「何を言うかが決まっているのは、すごくいいですね。落ち着いて指導できるようになりました」という反応が返ってきて、とてもうれしかった。まさにこの校長の言うとおりだ。

教師の大半はフリースタイルのラップバトルさながら、アドリブでその場に合わせた指導をしたいと思っているが（私だけ？）、失敗する可能性が高く危険だ。中には即興の才能に恵まれた人もいるだろうが、ほとんどの人にそんな才能はない。アドリブが苦手なら、あらかじめ歌詞を用意した方がいいだろう。

場当たり的な生徒指導がどれほど行われているかは、明日学校で耳を澄ましてみればわかる。最初こそ適切な言葉で介入が始まるかもしれないが、途中から予期せぬ展開になることがある。その指導に使用されている言葉は、どのような価値観、ルール、期待に基づいているだろう。全員で決めた指導方針に沿っているだろうか。学校全体の一貫性を崩す内容になってはいないだろうか。例えば、1本のマイクでビギーが『ジューシー』、ナズが『ニューヨーク・ステート・オブ・マインド』、ワムが『ワム・ラップ』を歌っているところを想像してみてほしい（たとえが古い？）。歌詞の内容も雰囲気もバラバラのカオスだ。

また、教師の中には生徒指導をする際、「私が子どもの頃は、先生にそんな口の利き方をしなかった。私の母は…」と自分の話をして、要点をわかりにくくする人がいる。そうかと思えば、「あなたのお母さんは、大事な話をしてるときにあなたが勝手に椅子から立ち上がってお菓子をつまみ食いし、他の子をつついても何も言わないの？」と家庭の話を持ち出して、子どもに指導の意図が伝わりづらくなっている人もいる。あげくに自分の思ったとおりにならないと、子どもを無視して立ち去り、居残りや退学の手続きをとる人さえいるのだ。こうしたコミュニケーションの失敗が続くと、その子どもに対する嫌悪感が募り、日々の授業や個別の指導、ホームルーム、生徒指導の場で脈略なく冷静さを失って、「あの子は本当に何度言っても！」と怒りが爆発する。それで怒られる子どもの方は、なぜ先生が急に怒り出したのか、なぜ自分が罰せられるのかがわからない状況に陥る。

確かに、むずかしい指導をその場でたやすくできるときもある。週の前半は頭が冴えているので、子どもと交わす言葉の駆け引きを楽しめるほどだ。しかし週の後半になると、疲れて思考が鈍ってくる。喋るよりも、薄暗い部屋で静かにしていたい気分だ。現に私など、金曜の午後にした指導が正しかったか不安で、週末の間ずっとモヤモヤしたことが何度もある。少なくとも私には、自分の即興スキルが低下しているときのために、台本のようなものが必要だ。そうすれば冷静な指導ができ、子どもを傷つけない。疲れているときでも、取り返しのつかないことを言わずに済む。

とはいえ、どんな言葉も攻撃的な口調や体の動かし方次第で台無しになる。声のトーンににじむかすかな攻撃性や疑念、諦めを、即座に感じとる子もいるのだ。そのような子は相手のボディランゲージや近づき方、距離感、返事を要求する速度にも敏感だ。そのため、あらかじめ用意した言葉や対応も、教師のボディランゲージいかんで、その効果が一瞬にして損なわれることがある。だからといってセリフを用意することが無意味だというわけではない。ただ台本どおり言えばいいということでもないということだ。

慎重に練った言葉なら必ず子どもが受け入れ、行動を改めるというわけではないが、効果的な表現や、緊迫した状況に適した話し方、立ち居ふるまいがあるのは事実だ。子どもの心に届けやすい方法は確かに存在する。子どものことを理解したいという姿勢と思いやり、いたわりの気持ちをもって準備すれば大丈夫だ。譲れないラインを守りたいがために、攻撃的になる必要ない。大切なのは、どんな状況でもあなたが一貫した態度を維持することだ。考えるだけでなく、日々実践して磨きをかけていこう。

教師が何気なく言い放った一言が、一生心に残ることもある。私は子どもの頃、美術教師に「センスも才能もない」と言われ、他の子がイーゼルや筆、油絵の具を使って絵を描く中、1年間教室の後ろに座らされ、クレヨンだけで絵を描かされた。それから30年たった現在、美術の授業で唯一覚えていることは、その思い出だけ。今でも人から「絵を描いて」と言われたら、「描けない」と言って断る。反射的に教室の後ろに行ってクレヨンを出すかもしれない。ほんの些細なことでも、ずっと忘れられないことがある。

30秒の介入

最近多くの学校で〝魔法の〟指導法として支持されている報酬制度や、一見輝いて見える指導法を取り除くと、本当に大切なものだけが残る。それは、緊張感の張り詰めた状況で怒りを抱えた子どもと交わすリアルな対話だ。子どもの行動が変わるかどうか、彼らと信頼関係を築けるかどうかは、その対話にかかっている。

混沌と平穏、対立とルールの遵守、排除と包括。そのどちらに向かうかを分けるのもこの対話だ。子どもが「そんなのクソだ。絶対にやらない」と強情を張るとき、あなたの指導力だけでなく、価値観や精神的な強さ、人間性も試されている。問題行動への対応は、爆発物のそれに似ている。誤った行動につながる思考回路をすばやく切断し、信管を抜く。そうすれば「問題行動」という爆発を止められる。あなたが、そのエキスパートになるのだ。

そうは言っても、特定の子どもに費やす時間が長くなるほど、他の子どもにかける時間が減ってしまう。そのため、授業中のふるまいが悪い子どもには、授業以外の時間で対応するのがいいだろう。授業中は長々と話さず、注意にあてる時間は毎回30秒以内に留める。その場で介入して要点を伝え、その子が前にしたよい行いを思い出させて授業に戻ると、お互いの尊厳が保てるし、2人とも嫌な気持ちにならない。

30秒で要点を伝えるには、あらかじめセリフを決めて練習しておく必要がある。子どもを飼い慣らしたり、謝罪させたり、その場で人生を変えたりすることが目的ではない。「自分の行動は自分で決められる。悪いことをする人に私の時間は使わない。あなたはもっと優れた人間だ（私はそれを証明できる！）」というメッセージを、揺るぎない姿勢で安心・確実に伝えるための方法だ。

子どもは誰かに注意されると怒ったり、文句を言ったり、反論したりする。この防御反応を防ぐために、その子が以前にしたよい行動を30秒の指導で思い出させる。「昨日／先週、片付けを手伝ってくれた／グループを引っ張ってくれた／素晴らしい宿題を提出してくれたよね？　お母さんもいいねカードを受け取ってうれしそうだった。私が知っているあなたはそういう子。そういうあなたを今日も見せてほしい」と具体例を示すことが、この台本を用いた指導のコツだ。

ありがちなのは、問題行動に介入した結果、子どもの怒りを助長してしまうケースだ。教師の方が腹を立てて、厳しい制裁を加えるケースもよく見る。しかし、感情的になりそうな場面でも冷静さを保つために必要なのは技術だ。きつい言い方をしなくても、以前のよいふるまいを思い出させることで反省を促せる。適切なタイミングと話し方で指導をすると、不思議な効果が表われるのだ。善悪の境界線を再確認して過去のよいふるまいを思い出させると、子どもが悪態をついたり、ドアをバタンと閉めたり、こちらを中傷したりすることなく自分の行動の結果を受け入れる道が開かれる。

指導を切り上げるタイミングも重要だ。子どもの良心を刺激したら、反論される前に、「話を聞いてくれてありがとう」と言って指導を終える。あえて一旦距離を置き、子どもに自分の行動について考える時間を与えるのだ。このとき、子どもの反応は待たない。その場を立ち去って振り返らないように。たとえ台本どおりに指導できたとしても、その効果がすぐに表れるとは限らない。彼らには、その指導を経て次の行動を選択するための時間や、授業に意識を戻す時間、そして他の子どもたちが再び授業に集中するための時間も必要なのだから。

あなたが立ち去るとき、その子はあなたを引き戻すために、別の仕掛けをしてくる可能性もある。大声でののしる、中指を立てる、舌打ちする、小さな声で侮辱するなど、教師をたきつける方法は山ほどあるが、挑発に乗らず、その場を去ってみてほしい。あなたが反抗的な態度を見逃したわけではないことは、他の子どももすぐに気づく。むしろ、その場で反応すると子どもの思うつぼだ。コントロールを握られてあなたの負けになる。相手をあおりたい子どもにとって、相手が真に受けて感情的になることは最高の報酬だ。言い合いが加熱すると、子どもはドアをバタンと閉めて出て行き、あなたは報告書を書いて隔離ブースの居残りを言い渡すという最悪の結果になって、これまでの努力が水の泡になる。

もちろん30秒話して立ち去った後も指導は続く。とりあえずその場では、誰にも気づかれないようにその出来事をメモしておき、あなたも子どもも落ち着いた頃に改めて話をする。翌朝話すのでも構わない。私の経験では、まだ半分寝ぼけている思春期の子は他の時間帯よりも素直に謝り、反省した態度を見せる。逆に、糖分やカフェインなどの刺激物で完全に目が覚めると、接し方がむずかしくなる。

あなたが30秒の指導だけで終わらないことは、そのうちクラス全体に伝わる。「先生は忘れてないよ。今は何も言わないけど、絶対また話しにくるよ」と。

また、子どもを指さしたり、体で圧をかけたり、皮肉な口調で話したりすると、このやり方は失敗する。動作と声のトーンに気をつけて、「口論するつもりはない」というメッセージを全面的に押し出す必要がある。椅子に座るか、ひざまずいて話す。子どもの策略にはまらないように、いら立ちや怒りを一切感じさせない話し方をしよう。ネガティブな刺激を取り除き、自分で自分の行動をコントロールできるという感覚を子どもたちに学ばせることが大切だ。

台本を用意しておけば、その場で注意の仕方を考える必要がない。セリフや話すスピード、介入のアプローチも決まっている。時間も30秒と短いため、徐々に感情が高まる心配はなく、体罰や制裁も伴わない。子どもに自分の行動をふり返ってもらいながら、あなたが彼らのことを信じていると知ってもらうことが重要だ。子どもの問題行動を正しつつ、信頼関係を維持できる。

台本を有効活用するには、あなた自身が自分の感情や行動を上手にコントロールする必要がある。感情的にならないための強い自制心が不可欠だ。問題行動を正しつつ、その子によいふるまいを思い出させる練習も欠かせない。謙虚でありながらも自信に満ちた指導をするためには、精神的な強さが問われる。それでも子ども全員が、悪いことをしても報われないこと、あなたの指導がいつも端的で予測できる内容であることを理解すれば、クラスの問題は減り、みんなが安心して学べる場所になる。

30秒でできる生徒指導の台本

生徒指導の〝正解〟は1つではない。以下を参考にして、あなたの状況に合った台本をつくってほしい。

「〜しているみたいだね」（まだ始めていない／進んでいない／ダブ[1]をしながら歩き回っているみたいだね）
「〜するルールを破ってるよ」（並ぶ／課題をする／危険物をもち込まないルールを破っているよ）
「〜することになるよ」（最後尾に並ぶ／昼休みに課題をすることになるよ）
「先週〜したのを覚えてる？」（1回も遅刻しなかった／いいねカードを受け取った／ノーベル賞を受賞したのを覚えてる？）
「今日もそういう君が見たい」

1　ヒップホップから生まれた人気のダンス。

毅然とふるまうこと

話は内容よりも伝え方が大事だ。名優は抑えた演技をする。教師も同じで、落ち着いた話し方の方が説得力を増す。

話す速度や抑揚、声の大きさはコミュニケーションを大きく左右する。ふとしたしぐさで誤解を招くことは日常茶飯事だ。子どもの行動に影響を与える要素は、言葉以外にもたくさんある。

例えばイントネーション。掃除をしてほしいときに、「カイルと掃除して↗」と語尾を上げると自信なさげに聞こえ、語尾を下げると命令しているように聞こえてやる気をそぐ。同じ言葉でも言い方の違いで相手の受ける印象は変わるため、大人の出方次第で子どもの気持ちや反応は変わるのだ。指導の言葉のバリエーションを増やすよりも、優しい声のトーンを練習しよう。

大勢の小さい子どもを相手にするときは、特に声の使い方が重要だ。

声のトーンでバリエーションをつける例

ベテラン教師は声のトーンと大きさ、話す速度の使い分けが絶妙で、あたかも色とりどりのパレットで色を使い分けているかのようだ。状況に応じて、子どもの背中を押すような前向きなトーン、少し暗めの失望感がにじむトーン、気分を変えるための明るいトーンもある。むずかしい問題行動の対応は、子どもを導くことや勉強を教えること、よいふるまいの見本になることと同じくらい重要だ。その子のよいところを強調し、子ども自身ではなく悪いふるまいを指導の対象として、誤った思考回路に早い段階で介入すると、困難な瞬間を乗り越えられる。その鍵を握っているのが、あなたの話し方だ。声のトーンや大きさ、話す速度に微妙な変化をつけることで、体罰やご褒美を与えるよりも効果がある。

レベル1．「それは絶対に面白いね」
トーン2．「君の行動はまったく当たり前の反応。先生は全然怒ってないよ」
トーン3．「君は世界で一番いい子」

トーン4．「それはやめよう」
トーン5．「がっかりです」
トーン6．「そんなことをされるとつらいな」
トーン7．「本当にがっかりです」
トーン8．「もう十分。本当に残念です」（あくまで落ちついたトーン）

まずは1ヶ月間、声のボリュームを下げ、穏やかな口調を心がけて、話すスピードを落としてみよう。わざわざ声をはらなくてもいい場面があるのではないだろうか？　一言言うだけで済むこと、合図だけで済むことが意外と多くはないだろうか？　声のトーンを少し変えるだけで大きな効果が出て、周りの注目を集めることなく静かに善悪の境界線を引くことができる。

「毅然とふるまう」ということは、単に自分の意見を固持したり、「ダメだ」と言い続けたり、自分の要求を押し通したりすることではない。子どもたちに行動選択の余地があるように、あなたにも自分の行動を選ぶ機会が与えられている。問題行動にどう対応するか、たくさんの選択肢がある中で、あなたがとる行動は子どもへのメッセージとして伝わる。問題行動をメモしておいて、タイミングを見計らって後で指導することも、無視することも、すぐに怒ることも、その場では何もせず後で後悔することも、すべてあなた次第だ。

「毅然とふるまう」とは自分自身の言動を制御し、慎重に、適切だと思われる対応をすることだ。子どもに「ダメだ」と言うこと、ときにはそれを強く伝えることを恐れる必要はないが、度重なればすぐに効果がなくなる。子どもが聞き慣れすぎると、今度は耳を貸さなくなるのだ。

怒鳴ることをやめるべき理由

1. 子どもは自制心のない大人を軽蔑するから。そんな大人を怖がる子もいるが、面白がる子もいる。
2. 保護者の前では子どもを怒鳴らないから。
3. 大人のまねをして、子どもも怒鳴るようになるから。
4. 大抵の子はおびえてしまうから。そうでない子は、あなたをわざと挑発するようになる。
5. 怒鳴り声が廊下にまで響いていると、同僚はあなたの指導能力に疑問をもつから。
6. 子どもの恐怖心をあおって行動を管理するのは粗野な上に、長続きしないから。
7. 過剰に反応すると、行き過ぎた懲罰につながりやすいから。

準備したセリフは、怒りやいら立ちを交えずに言おう。医療ドラマの真剣さと、ニュース番組のような落ち着きが必要だ。また、声のトーンはセリフの内容を補完する体の動きと同調していなければならない。「お願いだから上着を脱いで」「今日は疲れているから、あなたに付き合えない」「言ったとおりにできないなら、あなたには勉強を教えられません」という風に、教師の言葉や声のトーンに弱さが感じられると、その指示はすぐに無視される。

感情的になって子どもの〝策略〟にはまらないよう、あらかじめ対応を決めておこう。台本を準備し、まじめで形式張った口調で言えるようになるまで練習する。最初は違和感を覚えたり、不誠実な感じがしたりするかもしれないが、あえてそんな話し方をしてほしい。それでいいのだ。子どもは慣れると、あなたがいつも落ち着いていると感じるようになる。そうなればこっちのものだ。

そしてあなたの感情は、一番効果を発揮するとき、つまり子どもを褒めるときに使おう。感動や励ましの気持ちを込めて明るく、時間と労力を使って褒めよう。

私が子どもの頃に出会った教師は、問題行動にどう対応するか、何も考えていなかった。彼らの生徒指導にはセンスもなければ、ノウハウさえも何もなかった。その場でうまい対応策が浮かばないと感情的になり、子どもの恐怖心をあおって自分の力不足を隠そうとした。

当時の私にとって学校で一番の楽しみは、担任教師を挑発して怒鳴らせることだった。クラスメートの目には、私が大人に対抗する勇敢な戦士に映っていたようだ。それでみんなから尊敬され、羨望の眼差しで見られていた。私はみんなの注目を集めて、自分が何者かになった気持ちだった。大人をあおって子どもじみた反応をさせることに興奮を覚えていたのだ。

毎日授業の準備に追われて、子どもとどう接するべきか、じっくり考える余裕はないと感じている人も多いだろう。でも、これは大切なことだ。紙を一枚用意して、生徒指導の計画を立ててみてほしい。今週または今学期に重点を置きたいことを書き出して優先順位をつけ、それを達成するための5つの目標と、それに反する問題行動をみつけたとき、どう対応するかを決める。

ベテラン教師は子どもとの接し方で不安を抱えることはない。これまでの経験から、自然に〝説得力のある先生〟になれるからだ。しかしベテラン教師は（私自身も含め）これまでのやり方に凝り固まってしまう可能性がある。誰でも木曜の午後になると1週間の疲れがたまってくるが、それでも教師は新鮮な気持ちで子どもと接する必要がある。だからベテランでも子どもとの接し方を見直す必要があるのだ。あなたがくり返し発しているメッセージは何だろう。「もう君の態度にはうんざりだ」だろうか。それとも「自分の行動には責任をもちなさい」だろうか。あなたがよく使っている言葉は何だろう。いつも最後に「わかった？」と言っていないだろうか。1時間に何十回も「シーッ！」と言っていないだろうか。30秒ごとに「デイビッド、～しないでって言ったでしょ」と言っていないだろうか。お決まりのセリフや行動はないか。子どもがよく言うことは何か。子どもはあなたの気をそらせ、イライラさせるために、いつもどんなことをしているだろうか。

最高のスタートを切る

まずは準備した台本を、ほとんど問題を起こさない子に使ってみよう。その子は変な顔をするかもしれないが、あなたが台本に慣れるためにはよい方法だ。最初から対応のむずかしい子に台本を使わない方がいい。台本を使った30秒の指導がスムーズにでき、自信がつくまでに半月はかかるだろう。状況に合わせて台本を変える必要を感じるときは、こだわり過ぎず、その子が以前に行なったよい行動を思い出させるステップを省かないようにしよう。

何のミスもない完璧な指導は求められていない。10回中8回の成功を目指すのがいい。セリフを抜かしたり、リズムを乱したりしても、子どもたちは大目に見てくれる。つい冷静さを失って怒ってしまっても、許してくれる。教師は機械でできているわけではなく、子どもたちと同じように間違いを犯す不完全な人間だ。

むずかしい案件

社会的・情動的な行動に問題を抱えた子どもが通う学校の校長に呼ばれたことがある。「助けていただけるかわかりませんが、本当に困っています。子どもの問題行動をどうにかしなければ、年度末で学校を閉鎖するという勧告が地方教育当局から届きました。しかもOfstedの主任査察官にも学校経営について注意されたところで、学校の評価も『不十分（閉校が求められるレベル）』なのです。子どもは教室に立てこもり、廊下ではケンカをしているため、先生方も恐怖を感じています。友人の学校改革にあなたが携わっていたらしく、連絡をとるように勧められてお電話しました」。

そう言われても、これはかなり厳しい案件だ。どうしたものかと言葉を詰まらせていると、こちらが質問する前に校長は続けた。「アイデアがあるんです。怒りを抱えた子どもに使う特別な台本があるそうですね。それを私どもに教えていただけませんか？」

それを聞いてますますたじろいだ。彼女の言う台本は、教師が万策尽くしてなお問題を解決できないときのためにつくったものだったからだ。元々は、かなり対応のむずかしい子どもとの関わりを通じて自分用につくったものだ。個人が使うのは有効だとしても、学校全体で使ったことはなかった。何となく、私の教師としての価値観に反するような気がした。

「どうでしょう。効果があるかわかりません。何しろ今まで…」

「他に方法がないんです！ トレーニングをお願いします。私が責任をとります。引き受けていただけますよね？」

それを聞いて自分の心に火がついた。結局、私は冒険好きなのだ。

まず、その学校の先生を集めてその学校に合った台本を2日かけて仕上げ、ボディランゲージや声のトーンを検討した。事の深刻さを状況に合わせて子どもに伝えるためにはどうすればよいか激しい議論を交わし、子どものリアクションを想定して何度もリハーサルを重ねた。それは楽しくもあり、緊張感のただよう時間でもあった。この取組が失敗したら、学校は閉鎖されて全員が職を失う。それを何とか食い止めようとする真剣さがみなぎり、みんなの心は一つになっていた。自分のキャリアと仕事、ローンの支払いが危機に瀕していたら、誰でも必死になる。[2]

台本は状況の深刻度に合わせて4つ準備し、翌朝の集会で子どもにも説明した。スクリーンを使って「こういうときにはこういう指導をします」と言うと、笑い声が起きた。「また大人が集まって〝問題〟を解決しようとしている。こっちだってバカじゃない。今までどおり出し抜いてやる」と思っていることが明らかだった。

先生方の報告によると、最初の2週間は最悪だったようだ。子どもはすぐに台本を覚え、「セリフが抜けたよ」「順番が間違ってる」「そのセリフはもう言ったんじゃない？」と反発し続けた。大人が冷静さを保っていると、「その静かな喋り方はやめろ！　ムカつくんだよ！」と子どものふるまいが悪化したそうだ。

取組が始まって1ヶ月後、校長から電話があって「すぐに来てください」と言うので、「失敗したに違いない。こんなことなら、やらなければよかった。変化が急過ぎたんだ」と思った。すると校長は、「成功です」と言う。どういうことか説明を求めると、ケンカやバリケード、教師に対する脅しがなくなったと言う。私は「すぐ行きます」と言って電話を切った。

長年教育に携わっている校長から取組の成果を認めてもらうだけでも十分うれしかったのだが、実際に学校でその効果を見たときは自分の目を疑った。本当に校内の雰囲気が落ち着き、子どもたちは教室でまじめに授業を受けている。もちろん時々問題が起きることはあったが、先生方がうまく対応していた。彼らは子どもとの接し方に自信をつけたことで、子どもに対する姿勢やアプローチが変わっていたのだ。教師全員が一回り大きく見えた。校内の力関係が逆転し、教師が力を回復したことによって、学校の空気が安定していた。いくつか

2　荒れた学校を改革したり、学校のレベルを上げたりするには職員全員の協力が欠かせない。これほど追い詰められた状況だと、学校側がわざわざクビをちらつかせなくても職員は一致団結するようだ。

教室をのぞいてみると、問題が起きそうになっても先生が台本を使って食い止め、子どもも素直に指導を受けとめていた。ある先生が子どもの隣にしゃがんで注意しているときは、先生がセリフを言い終わる前に子どもの方から、「わかりました。休み時間に2分間、先生のところに行きます」と言っていた。

職員の中でも特に台本を気に入ってくれたのは、昼休みの見守り係や学習支援・指導員、校務員、事務職員などのサポートスタッフだ。教師でない彼らは、それまで指導の方法を教わったことがなく、何をどう言えばいいのかわからないまま対応を強いられてきた。そして自信のなさから、子どもの問題行動を見ても注意しなくなっていたのだ。しかし今は台本があるので、指導するときの不安もない。これでこの学校には子どもの問題行動を見過ごす大人がいなくなり、全職員が指導に参加できるようになった。台本があることによって、その場で対応を考える必要がなくなったからだ。

Ofstedの報告書によると、この学校は6週間で「大きな改善」が見られたそうだ。地方教育当局もこの事実を確認し、閉校の心配はなくなった。そして9ヶ月で学校の評価は「特別措置を要する」から「よい」に上がった。これは地道な努力を重ねた職員全員と、私以上に学校全体で一貫した指導をすることの大切さを理解していた校長が正しかったことを証明する、紛れもない証しだった。

あれから8年たった今も、この学校はそのときにつくった台本を使っている。生徒指導に万能薬はないし、子どもも一人一人違う。しかし台本があれば、むずかしい状況でも落ち着いて思いやりのある一貫した対応ができるのだ。

教室で取り入れるには

実践

来週、指導で使うセリフを1つか2つ決めてみよう。自分でつくっても、次のリストから選んでも構わない。

毅然と指導するための、最初のセリフ

1.「～してください」（こちらに来て説明してください）
2.「あなたに～してほしいです」（みんなで決めたルールを守ってほしいです）

3.「〜してくれますね？」（2分間で机の上を片付けてくれますね？）
4.「〜してくれると信じています」（あなたがケイラの顔についたインクを拭き取ってくれると信じています）
5.「〜してくれてありがとう」（彼女の髪を放してくれてありがとう。少し歩きながら話そうか」）
6.「言いたいことはわかりました。今はとりあえず〜しましょう」（わかった。今はまず、静かに自分のものをまとめて、クールダウンできるところへ行こう）
7.「（一緒に）〜していきましょう」（明日はもっといい一日にしましょう）

子どもの心に届くセリフ

1.「すべての選択には、その結果が伴います。勉強することを選べば素晴らしいし、〜という結果になる。勉強しないことを選べば、〜という結果になる。どちらを選ぶかは、あなた自身に決めてほしいと思っています」
2.「昨日片付けを手伝ってくれたことを覚えてる？　今日もそういうステファンが見たいし、いつもそういうステファンでいられると信じているよ」

3.「その行動はよくない。誰かや何かを傷つけかねないし、暴力的で危険だからね。でも、その行動は受け入れられないけど、あなたは成功できる人だと信じています」
4.「私はここを離れません。君のことが気になるので見守っています。君はきっと、素晴らしい人になる」
5.「自分の選択で何が間違っていたと思う?」
6.「こういうことを避けるために、次の授業でどうすればいいと思う?」
7.「ダレル、〜する（ドアを蹴る／怒鳴る／ハムスターを揺する）なんて君らしくないよ」

留意点

□台本以外のことも大切にする。何の準備もなくただ台本を使うだけの先生がいるけれど、まずは自分自身の行動をふり返り、子どもとルールに基づいた習慣や信頼関係を築いてから台本を使おう。台本は、あくまで指導の一部に過ぎない。台本さえ使えばいいということではなく、あなたの普段の姿勢があってこそ成り立つものだ。

□台本を変えない。最初はアレンジを加えたり、「先生が何を言うかわかってるでしょ?」と言ってセリフを飛ばしたりする方が自然に感じるかもしれないが、それでは効果がない。

再び即興で指導をするようになり、あなたが本気で台本を使うつもりがないことを子どもたちは見抜く。そして子どもたちは指導前の状態に逆戻りして、あなたの一貫性のなさを利用するので注意が必要だ。

ポイント

□台本を使っているときに、子どもが顔をそむける、あなたの真似をする、一緒にセリフを言う、無視するなどしても、最後まで台本どおりに喋る。

□セリフを言い始めたときに子どもが泣き出したら、「あなたが泣き止んで落ち着いたら戻ってくるね」と言い、タイミングを見計らってその子の元に戻る。

□あなたが使う台本を子どもとも共有する。秘密にする必要はない。むしろあなたが実際に台本を使っているところを他の子が見るのはいいことだ。あなたに一貫性があって、みんなに公平であること、彼らが境界線を越えたときにどうなるかを伝えられる。

Column 6

懲罰式に関する矛盾

もし懲罰式に効果があるなら、通常学校から排除されて行き場をなくした子どもたちが通う代替教育施設には、なぜ罰がないのだろう。彼らの指導法はセラピーに似ている。

私は9つの代替教育施設から成るマルチ・アカデミー・トラスト〔複数の学校・施設で協力し合う組織〕の理事を務めている。トラストは学校の家族のようなもので、1つの学校が他の学校を統括しているわけではない。トラストを構成する学校は、大きな問題を抱えた子どもや（大人社会の犠牲になった）不運な子どもに対する考え方とアプローチを共有している。通常学校から拒否された、もしくは大人に反抗して意図的に退学処分を受けた、懲罰式の指導を受けて問題が悪化した子どもたちだ。

罰の代わりにセラピーやメンタリング、コーチングを用いたり、愛をもって接するようにしたりすると、子どもは変わる。つまり、大人が変わると全てが変わるのだ。大人が避けたいと思うような子どもが、将来あなたを助けてくれる大人になる。しかし、そのような子を罰で更正させようとしても、そういう大人にはならない。もちろん善悪のけじめや対話の時間は不可欠だ。しかし隔離ブースに入れたり、土曜日の朝から居残りで登校させたり、怒鳴ったり、壁に向かって昼食を食べさせたり、一列に並ばせたりして子どもを辱める必要はない。多くの大人がいまだに信じているそういう罰は不要だ。素晴らしい代替教育施設が成功している理由は、最も助けを必要としている子どもたちに適切なアプローチをしているからだということは、広く知られている。

懲罰式のシステムはその性質上、柔軟性に欠けていて、個々の子どもが抱えるニーズを満たすことはできない。その問題を解決せず、指導法に合わない子を排除し続けている。懲罰式を支持する人はこの問題点を認めると、すべてが崩壊すると思い込んでいる。

しかし現実に、通常学校で行き場をなくした子どもたちが、すぐ近くにある別の学校や教師に出会ったことで大きく成長することもあるのだ。

筆者が11歳のときに受け取った通知表より

新学期に見られたやる気はなくなっているようです。

CHAPTER 7

罰への依存が社会を形づくる

――これまでの倍厳しくすれば悪ガキどもも、おとなしくなるだろう

ミュージカル『マチルダ』(2010年)より

懲罰至上主義

厳格な生徒指導を求める声は、管理と懲罰にこだわる人たちの、無知と感情論が扇動している。学校問題の解決を迫られる政治家や、傷つきから問題行動を起こす子どもを公然と非難する大衆紙、それにあおられる社会の攻撃性は、子どもたちに向けられている。

思い通りにならない子どもにもっと重い罰を与えて、力ずくでねじ伏せようとするのは、大人として恥ずべき行為だ。体罰や退学処分まで必要になる現状が、むやみに罰することを重視したこのシステムの限界を如実に示している。

イギリスで行われている生徒指導の大半は、いわゆる「懲罰式」——間違ったふるまいをしたら、それに応じた制裁を加える——を基盤にしている。厳しい罰を与えたら、子どもは改心して問題を起こさなくなるという考え方だ。大人の言うことを聞かない子が従順になるまで、どれだけ時間がかかろうと、どんどん厳しい罰を与え続ける。その最たるものが刑事司法制度で、社会からの隔離や財産の没収、精神的苦痛が待っている。言うことを聞かない子どもへの対応は、過去200年間ほとんど変わっていない。

罰を恐れる子どもにとって、懲罰は抑止力になる。けれどそれは、子どもの気持ちを無視した、権威主義的で醜い、低俗な抑止法ではないだろうか。コミュニケーションや学習の困難さや家庭でのトラウマが原因で問題行動をとる子どもたちにとって、懲罰は苦痛を増すだけ。ただでさえ弱い立場に置かれて傷ついている子どもたちに対し、どんどん厳しい制裁を加えることは、公正さに欠けていて残酷だ。それに、そういう子どもたちは罰を恐れていない。彼らが抱えている問題は、個人や組織が課す罰の脅威よりも大きいのだ。

欧州連合〔EU〕内でイギリスの収監率が一番高かったことには理由がある[1]。子どもを1人で居残りさせたり、隔離ブースに入れたりしても、問題が解決しないのと同じ理由だ。彼らに必要なのは、罰ではなく人。罰ではなく、彼らの成長に必要なものを与えるべきだ。ほとんどの教師がそれに気づきながらも、既存のシステムと固定概念にとらわれて、やり方を変えることができないでいる。

子どもたちは〝罪〟に応じて〝相応〟とされる罰を受けさせられているが、彼らに何が必要かを考慮されたものではない。問題を抱える子は満たされないニーズに苦しんで問題行動を起こしているにもかかわらず、単に大人に反抗しているのだと誤解されている。助けを求めて叫んでいる子どもが、問題行動と罰のサイクルに巻き込まれているのだ。そんな子ども

1　Council of Europe Annual Penal Statistics 2015 and 2016.「欧州評議会　年次刑事統計：2015、2016年」http://wp.unil.ch/space/space-i/prison-stock-on-1st-january/prison-stock-on-01-jan-2015-2016/.

の通う学校を支える体制も弱く、学校が外部機関に相談しても、応える手は足りていない。

こうして追い詰められた結果、学校は特別なケアを必要としている子どもや困難さを抱える子に対し、ますます見当違いな罰を与えるようになってしまっている。

教師の言い訳？

問題を起こす子を排除したり、重い罰を与えたりすることは、一部の大人のニーズを満たす。確かに、排除と制裁は、一時的には授業の妨害を減らせるかもしれない。しかし子どものニーズを満たしていることは、ほとんどない。

崇高な目標と残酷な結果を併せ持つアメリカのチャーター・スクール〔認可制の公設民間運営学校。設定した目標（進学率など）が達成されないと認可取り消しになる〕が設立されるようになって、教育問題に関わる政治家にとっては夢のような言葉が生まれた。それが「言い訳禁止」だ。一部の学校では、最高水準の教育を教師に求める呼びかけとして使われ、それ自体は賞賛に値することだ。しかし、中には「言い訳禁止」という言葉を盾に、喜んで子どもを虐待し、それを教育と呼んでいるところもある。そういう学校では教師が冷静さを保つという職務上の責任から完全に解放され、教師の言うことを聞かない子どもにはセキュリティチームが対応している。問題を起こした15歳の子どもに対し、学校警察が暴力をふるう事件も起きた。[2]

もちろん、そんな権威主義的で虐待に近いような懲罰式が合わない子もいる。このようなシステムは低所得層の子どもたちに向けられ、誰からの許可もなく万能薬として実施されている。

私はこれまでに数百の私立校を見てきたが、保護者や教師が寛容さよりも懲罰を求めている例は一つも知らない。自分の子どもが無理矢理服従させられるために学費を払う保護者は、ほぼいないということだろう。彼らは自分の子どもがよりよい教師に巡り会い、自立心や目標をもって生きることを学んでほしいと願っている。子どもが幸せを感じる学校を求めているのだ。懲罰式は、そんな選択をする経済的・精神的な余裕のない低所得層の人びとに押しつけられているのではないだろうか。

厳格な懲罰式は、教師に大きな権限を与える。そして常に教師が勝ち、子どもの意見は軽視される。何をさておいても服従を求めるあまり、簡単に権力が乱用され、教師と子どもの対立構造が生まれているのだ。そんな学校に自分の子どもを入れたいと思う保護者はどれほ

2　ノースカロライナ州にある学校の警察官が、15歳の女子生徒を床に叩きつける映像。（2017年1月5日、ホリー・ヤンによるCNNのニュース）http://edition.cnn.com/2017/01/04/us/ north-carolina-officer-body-slams-student

どいるのだろう。そんなことを願う保護者がいるのだろうか。

共感力の完全に欠如した大人が教育に携わることで生じる弊害は、扉の向こうで静かに交わされるこんな会話に表われている。「近くの学校に空きがあります。本校がお気に召さないのであれば、いつでも退学していただいて結構です。その方が本人のためになるかもしれません」。懲罰式に問題があることを隠すために、陰でこうして子どもの選別が行われている。大人のニーズを満たした、おいしそうに見える〝果実〟の内側は腐っているのだ。

この間違った指導法は、一番弱い立場に向けられたときに一層信頼性が（あるように）見える。学校になじめない子を無視し、追い出してよそに転校させれば、その子はよその学校の問題になる。この常軌を逸した排他的なシステムは、こんな風にして一見機能しているように見せているのだ。しかし、実は社会に恨みをもつ人間を増やしている。

私は懲罰式が破綻した学校によく呼ばれる。イングランド北部にある中学校は、危機的状況を迎えていた。すべての教師が許可なく子どもに居残りを命じることができ、些細な規則違反でも居残りをさせることが推奨されていた。導入当初はその方法で幾分かの効果があった。新しい取組に対して、子どもたちは警戒して様子をうかがっていたのだ。しかし3週間後、事態は急速に悪化した。

私がその学校に行ったのはある週の水曜日。副校長に尋ねると、その日居残りをしていたのは（全校生徒800人のうち）253人だった。思わず「253人ですか！」と声を上げると、「ええ。金曜日には新たに280人が居残りをします」と言われた。週に全校生徒の半分以上が居残りをさせられていて、当然、居残りを複数回させられている子もいた。子どもたちに話を聞くと、彼らはこのシステムの攻略法を知っていた。「1週間居残りをさせられても、時間が足らないから大丈夫」だと言うのだ。別の子は、「あと38回も居残りがある」と笑いながら言っていた。

また、指導をするときの口調が非常に攻撃的で、子どもの言い分はまったく聞かない、厳しさ一辺倒の人もいる。そんな指導は権威主義的で抑圧的、ディストピア的でもある。彼らは「ゼロトレランス」という言葉を「無制限に罰を与えること」だと解釈しているのだ。

学校が寛容さを失い懲罰を増やすと、退学させられる子どもの数も増える。以前なら許容されていた子どもが、学校側から「いらない」と言われるからだ。「うちの学校には合わない」と転校を勧められ、（運良く）自分を導いてくれる寛容な大人に巡り会うまで、あちこちたらいまわしにされる。このような経験が子どもにいい影響を与えるはずがない。「もう私たちの手に負えません。誰か他の人を探してください」と言うことは、忍耐力と知性がないことを自ら証明しているのと同じだ。そんな風に誰かを排除する社会的な弊害は、私たちのまわりにたくさんある。それに、排除されるときの年齢が低いほど、その子や社会が支払うコストが大きいのではないだろうか。中には学校側が子どもを選ぶ権利をもっているかのようにふるまうところさえあって、その傲慢さは大したものだと思う。代替教育施設には声を奪われた犠牲者の子どもたちがあふれかえっている。誰も直視したがらない不都合な真実だ。

このように、生徒指導は非常にむずかしい一面があるが、家庭での子育てから多くを学ぶことができる。家で悪いことをした子どもは叱られて、「もう寝なさい」と言われたり、決められた場所で反省を促されたりする。こうした対処が、事が起きてすぐに、行動改善を目指す対話を伴って行われる。保護者は子どもを見捨てることなどできないし、数時間以上どこかに隔離することもできない。子どもの成長を支えるしかないのだ。それを人任せることもできない。子どもを追い出すこともできない。それは本来、教師も同じではないだろうか。

まず、排除するという選択肢をなくしてみるのはどうだろう。私たちは子どもの成長を助ける仕事を選んで、保護者から子どもを預かっている。配られたカードでプレイするのだ。誰かとカードを交換したり、いらないカードを捨てたり、いいカードだけをもらうことはできない。子どもによってニーズが異なるという事実を受け入れ、「他の子とは違う」というレッテルを貼らず、すべての子を受け入れてみるのはどうだろう？　罰や排除で子どもの問題行動がなくなるなら、なぜいまだに懲罰式の是非が問われているのだろう。子どもたちが本当に必要としている寛容さを深く理解すれば、罰も退学処分もいらなくなる。優れた学校は、子ども全員が従順だから評価されているのではなく、どんな子どもでもそこで成長できるから評価されているのだ。

心に傷を抱え弱い立場にいる、問題行動の多い人との接し方には、私たちの人間性が映し出される。志ある校長の机の上には、「責任は私がとる」というメッセージボードが置いてある。目の前にいるすべての子どもと向き合う覚悟があり、どの子も学校コミュニティーの一員として絶対に見放さない。そしてどんな問題行動にもうまく対応できる自信があり、子ども全員に「ここにいてよかった」という安心感を与えている。

反抗的な態度に反応しない

子どもの反抗的な態度に反応してしまうと、「先生の方を見て。こっちを見なさい。帽子を脱ぎなさい。こっちを見て。携帯をしまいなさい。座って。何、その顔は。帽子をしまって携帯を脱ぎなさい！」とわけのわからないことをギャーギャー叫ぶはめになる。

子どもが反抗するのは、本題から気をそらせるためだ。その〝策略〟にはまらなければ、本来指導すべき大元の問題に集中できる。

例えば、怒った子が教室を出ていくときにドアをバタンと閉めるのは確かによくないが、本当の問題は「出て行ったこと」のはずだ。彼らはこうした行動を、大人を怒らせるためにわざとやっている。ぐっとこらえて放っておこう。ドアを乱暴に閉めたと怒鳴っても、何もいいことはない。大元の問題におおいかぶさる、子どもの反抗的な態度を指導するタイミングは、そのときではないのだ。別の機会に落ち着いて話をしよう。

子どもに反抗的な態度をとられると、つい反応したくなる。大人に対する失礼な態度／攻撃性／拒絶／口答えを押さえ込みたくなるものだ。しかし、それをしてしまうと沼にはまる。不毛な行為だ。こちらが応えている限り、子どもは大元の行動の責任をとらなくてもよくなる。あなたは本質的でないことばかりを話す状況に陥り、元の問題から離れていってしまうのだ。

反抗的な態度の対処法

1. 言い返さない。
2. 反応したり、押さえ込もうとしたりしない。[3]
3. 状況を悪化させない場合に限り、子どもに選択肢を与える。

4. 「指示に従わないのは今学期だけで23回目だよ！」などと言って、過去のネガティブな行動をもち出さない。
5. （教室が交通量の多い道路に面しているなどの）明らかに危険がある場合を除き、子どもが教室を出ても追いかけない。追いかけることで子どもの怒りがさらに増す。
6. 自分が大人であることを忘れない。子どもにどうなってほしいのかを優先し、言い負かそうとしない。
7. 子どもを責めるのではなく話を聞く。
8. 先のことを考える。すでに起こったことは、あとで対処する。
9. 可能な限り人目につかない、周りの人を意識しないですむ安全な場所に子どもを移動させる。
10. 自分が話をするのではなく子どもの話を聞く。子どもの話を聞けば聞くほどよい結果につながる。

3　「やった／やらない」を言い合っても、最終的には大人が力を行使したり、外部の力を使って子どもを押さえ込んだりすることになる（第9章を参照）。

隔離ブース

隔離ブース〔クールダウンのためではなく、反省を促すために一人にするスペース〕のある部屋は、その学校が本当の意味での生徒指導を諦めた証拠だ。自分の何が悪かったのかも理解していない子どもに対して、「どう接していいのかわかりません」と言っているようなものだからだ。こういうブースによく行かされる子どもの8割以上が、個別の支援を必要としている。何らかの障害があったり、トラウマや不安、家族との問題、親しい人との死別や、ネグレクトなどの問題を抱えている。支援のニーズがあることは明白なのに、誰にも気づいてもらえないまま隔離ブースに送られる。

みんな、大人社会の犠牲になっている子どもたちだ。それなのに彼らを隔離ブースに入れてそれを「教育」と呼ぶ。その中に入れられている子どもの恥ではない。これは、私たち大人が恥じるべき行為だ。

私が最近会った子は、1年のうち35日を隔離ブースで過ごした。彼が本当に必要としているのは、失敗しても許し、理解して支えてくれる大人だ。しかし彼にはそのチャンスも与えられなかった。自分でもどうしたらよいのかわからない問題を抱え、1人きりでブースの壁を見続けさせられるのは、最も残酷な罰だ。通常教育と特別支援教育の狭間にある無法地帯が隔離ブースで、刑務所であれば違法行為に問われるようなことを学校がしている。重罪を犯した子どもが入る更正施設でも、隔離の上限は3時間だ。

感覚過敏のある子や、人との近過ぎる距離が苦手な子どもは、低い折りたたみ式の仕切り板を使うと、オープンスペース型の教室でも勉強できることがある。教室に置いてもそれほど目立たない。クラスの雰囲気になかなか馴染めない子どもは——たとえ一人でいるときの方が幸せそうに見えても——隔離する前にまず、その子が落ち着いて過ごせる環境づくりを考えるべきだ。

大人が努力を諦めた結果が長時間の隔離だ。少しの間、頭を冷やす時間をとるのは、気持ちをリセットしたり、問題の解決策をみつけたりするのにとても効果的だ。しかし長時間1人にさせたり、頻繁に1人にさせたりすると、子どもは自分が邪魔な存在なのではないかと思うようになる。子どもに「自分1人で問題を解決するしかない」と思わせるのは、その発達段階に対して荷が重過ぎる上に、彼らに対する共感力が学校に欠けていることを露呈している。

本来私たち大人が目指していたのは、子どもに「学校は一つのコミュニティーで一つのチーム。みんながその一員だ」と伝えることではなかっただろうか。子どもたちの多様なニーズに必死で応えようとしていたのではないだろうか。それなのに、なぜ問題のあるふるまいをする子どもを拒絶するのだろう。子どもの逸脱行為に対して隔離ブースに入れるという手荒い対応しかできないことを、同じ教育者として恥ずかしく思っている。

大人の欺瞞

世間の目をごまかすかのように、変わった名前の隔離ブースが増えている。昔ながらの罰にも、学校という組織から自然にあふれ出る創造力は抑えられないようだ。隔離ブースの呼び方が、それをよく表している。「分離室」「隔絶室」（まるでプライベート・ビーチのようだ）「穴」「成長マインドセット・ルーム」「小休止スペース」「特別学習室」「チャレンジ・ルーム」「タイムアウト部屋」。隔離ブースほどインクルージョン（包括）からかけ離れたものはない気がするが、「インクルージョン・ルーム」という呼び名まである。傷ついた子どもたちに罰を与え続けるのは間違いだ。子どもを小さな大人と見なし、成熟するか腐るしかない存在だとする古い考え方を反映している。

子どもは何度も隔離されると、自分は大人から見捨てられ、どうしようもない存在なのだと思うようになる。関係ない子どもも隔離ブースに集まってくるのは、そこが楽しいからではなく、そこに一人で閉じ込められている友達が可哀想だから。優しい子たちだ。私も同じことをすると思う。

隔離ブースに入れられた子はますます自信を失い、学校の権力を再確認して、生まれ変わったというよりも、恨みを募らせて部屋を出る。そして、権力に対する反発心は強まる。隔離をしても、本来身につけてほしかった行動様式は何も学ばれない。

一人でいる穏やかさと静けさを好む子や、ざわざわした教室から少し離れたい子、暴れる子に居場所があった方がいいことは理解している。しかし、隔離ブースがこれほどできる前、私たちはそのような子に別の方法で対応していた。排除（退学）に代わる手段として隔離は生まれたが、このやり方はあまりにも独創性に欠ける。もし子どもを落ち着かせるのが目的なら、1時間で十分だ。あるいは、指導に苦戦する教師を一時的に休ませるためであれば、何も子どもを隔離ブースに入れる必要はない。

段階的指導について

アメリカでは1990年代初頭に、「プレグレッシブ・ディシプリン」〔累積的規律指導〕という指導法が生まれた。子どもの問題行動をレベル分けし、そのレベルに応じた対応をするという新しい指導法だ。誕生以来、この指導法には無数のバリエーションが生まれている。この指導法で重要なのはバランスだ。レベルに対して制裁が重過ぎると子どもとの信頼関係が損なわれ、軽過ぎると問題行動が増えてはびこる。この方法を用いるときは、善悪の境界線を明確にするために、各レベルへの対応を慎重に設定する必要がある。

私が知る中で最悪の部類に入る方法は、「C1：注意」「C2：30分の居残り」「C3：1時間の居残り」「C4：1時間半の居残り」「C5：隔離」という5段階に分かれていた。このような居残り中心のシステムでは、教師が違反者を取り締まって居残りを課すために、膨大な時間と労力を費やすことになる。最近訪問した学校では、子どもがこのシステムを打ち破る寸前だった。1日5コマの授業がある中学校で授業の度に1時間の居残りを課していると、教師は週に20時間以上も居残りの監督をしなければならない。どんなに熱心な学年主任でも、これほど長時間の居残りをすべて実施するのは困難で、しかも月曜日の朝から、また新たに居残り時間が加算されていくのだ。

このようなシステムは一見規律に厳しく効果のありそうな印象を与えるが、実は問題を解決する以上に増やしている。すぐに教師は「居残りを言い渡しても人手が足りなくて実行されない」「子どもは居残りを免れている」と不満をもらすようになる。一貫しているはずのシステムが、実はそうではないことが明らかなので、学級担任と学校管理職の間に溝ができていく。そして彼らの不満の矛先は子どもたちから互いへとうつり、なじり合うようになる。最終的にはチームとしての一体感を損なって、不健全な風土が生まれるのだ。

これとは逆の悪い例が、「C1：注意」「C2：注意」「C3：口頭での警告」「C4：掲示板での警告」「C5：最終警告」「C6：隔離ブース」「C7：反省処分」「C8：支援員がつく」……という風に、注意ばかりが続いて中だるみしやすいパターン。罰を与え過ぎるのも問題だが、それよりもっと悪いのが、指導すべきときに指導しないことだ。これほど注意や警告が続いていたら示しがつかない。問題行動を起こしても何も起こらないという印象を子どもに植えつけてしまう。しかも段階が多過ぎると、教師でさえ今どの段階にいるのかを正確に把握できず、簡単なスリーアウト制をとるようになったり、元々存在しなかったかのように段階を飛ばしたりする。チャンスを与える回数が多過ぎると、すべてがあいまいになってしまうのだ。

プログレッシブ・ディシプリンを転用した指導が失敗しやすいのは、レベルやCなどのコードを使って分類するからではないだろうか。「私はC４って言われたけど、何も悪いことはしてない」「レベル２って言われた」などと、指導に関する会話が抽象的な略語でいっぱいになる。問題行動そのものへの認識が薄れて、子どもは自分の行動に責任をもつのがむずかしくなってしまう。

私は子どもが自分の行動の結果を認識しやすいように、「ルールを思い出させる」「注意」「最

	ステップ	アクション
1	ルールを思い出させる	できるだけそっとRRS（第10章を参照）や３つのきまり（第５章を参照）を思い出させる。理解が不十分な場合は、これを何度かくり返す。この段階の主導権は教師が握る。
2	注意	できるだけ1対1で子どもに何が問題なのか、それを続けるとどうなるかを認識させる。「この後どういう行動をとるか、よく考えてみて」という言葉を使う。
3	最終警告	周りの注目を集めないように気をつけながら、行動の改善を迫る。どうふるまうのが望ましいか選択肢を示し、その子が以前とったよいふるまいの例に触れる。30秒の台本を使う（第６章参照）。
4	タイムアウト	教室の外やクールダウンスポット、運動場の端などで数分間頭を冷やしてもらう。子どもが深呼吸して落ち着きを取り戻し、自分の行動を別の角度から見て理性を回復するための時間。
5	フォローアップの対話	休み時間に校庭で短い会話を交わす、もしくは別に対話の場をもつ（第８章参照）。

終警告（2分間）」「タイムアウト」「フォローアップの対話」の5段階に分けて指導している。各段階に「コード」や「レベル」などの名前をつけて複雑にする必要はない。

課題を出す

もし子どもが遅刻したり、授業をサボったりして学習の遅れを取り戻す必要がある場合は、簡単な課題を出すとすぐに対応でき、貴重な時間を無駄に費やさずにすむ。締め切りは翌日の朝にして、保護者にもサインしてもらおう。そうすれば、保護者は子どもが何かをしたから課題を出されているのだとわかり、子どもはきちんと授業を受けなかった責任をとることを学ぶ。課題には提出期限や内容を書いた短い手紙をつけ、そこに保護者のサインをして提出してもらう。

居残りの代わりに課題を出すと、それまでならうなだれて壁をみつめながら教師への仕返しを考えていただろう子どもたちに、家で勉強する機会を与えられる。中には課題をやらない子どももいて、最初はやむをえず厳しめに言わざるをえないかもしれない。しかし、課題によって居残りが減ると教師の負担も減って、もっと時間と労力をかけて彼らの行動を支援できるようになる。マンチェスターにあるガールズスクールの副校長のドロシー・トラッセルによれば、課題と授業中の短い指導、フォローアップの対話を組み合わせた結果、2015年から2016年までの1年間で、居残りを91％削減できたそうだ。

都市部の大規模中学校で居残りを廃止してみたら

よく「本当に居残りをやめられるでしょうか」という問い合わせを受ける。その日は、私が提案した対話中心の生徒指導〔第8章〕を実践して大成功を収めていた、低所得地域にある学校の副校長から電話がかかってきた。

「ええ、やめられます。徐々に数を減らしていくかたちですが」と言うと、「いえ、一気にやりましょう。対話を通じて指導して、居残りはなしにするんです。協力していただけますか？」と言う。もちろん一緒にやることにした。

まず、居残りを撤廃することで教師に別の負担がかからないように、管理職にも協力をお願いした。問題を起こした生徒と校内のあちこちで話すのは時間がかかりすぎるため、主任教師がいる講堂に対象の生徒を集め、受付を済ませた後、各教師が近くのテーブルに連れて行って話をすることにした。すぐ側にベテラン教師がいることで、教師たちは安心して話ができ、失敗を減らすことができた。これから新しい指導法を試すにあたって、教師全員に「困ったときはいつでも誰かに助けてもらえる」という絶対的な安心感をもってもらうことが目的だった。

講堂に来なかった生徒は、翌朝授業が始まる前に呼び出して、その場で保護者に連絡した。生徒たちは、教師たちが本気で居残りをなくそうとしていることをすぐに理解した。実際彼らは一部の大人よりも早い段階で、対話の効果を感じていたのだ。アンケート結果を見ると、生徒がそれまで以上に教師の思いやりを実感し、両者の信頼関係が深まっていることがわかった。

中学校に入学してきたばかりだった7年生は、居残りを廃止した新学期から問題なし。しかし9年生はむずかしく、最高学年の11年生は特に大変だった。古いやり方に慣れた期間が長いほど、文化を変える際の摩擦が大きい。それでも、2学期までには居残りがゼロになり、教師たちは驚きながらも成功を喜んだ。その間に、問題を起こした生徒と対話をする必要性も激減し、個々の教師が指導に自信をつけて各自で生徒と話し合えるようになったため、講堂を使うことはほとんどなくなった。そして11年生が卒業し、新しい7年生を迎える際、保護者には居残りをしない学校だと大手を振って伝えられるようになったのだ。

> 「学校側から強制する居残りはありません。その方が生徒は幸せですし、彼らの大半は協力的で、学校の行動規範を理解しています。規範を逸脱した場合は、公正かつ一貫した方法で対応します。ただ問題を正すのではなく、生徒の抱える困難さを理解しようとするのが本校のやり方です」
>
> ——入学説明会にて

この学校は素晴らしい成果を更新し続け、Ofstedからも最高の評価を受けて、教師と生徒は幸せな5年間を過ごした。しかし校長と副校長が異動し、新しい校長が赴任した初日に居残りと隔離ブース、懲罰式を再導入した。それ以来、この学校は下り坂だ。

教室で取り入れるには

実践

来週1週間は、子どもの反抗的な態度を観察してみよう。そこに隠された本当の問題は何か考え、その場で挑発に乗らないよう気をつける。子どものふるまいが深刻な場合は、あなたも子どもも落ち着いているときに、そのことについて話し合おう。

あなたのこれまでの指導の仕方も見直してみてほしい。やり方が厳し過ぎたり、チャンスを与える回数が多過ぎたりしていないだろうか。昼休みを全部使うのではなく、授業後の2分間でできる指導だろうか。

留意点

- □子どもと交わした約束の内容を、他の子の前で言わない。
- □「もうダメ。今週は毎日、放課後に面談だ」と対話や面談を罰のように使わない。
- □「じゃあ、ちょっといまから質問するから答えてくれる？　パパッとね。まあどういう答えでも、君の態度が最悪だったことに変わりはないけど」などと言って、対話の順序を無視して自分の不満を発散させようとしない。
- □対話をすればすぐ問題が解決する、とは考えないでおこう。子どもが教師の質問に全部答え、自分から反省できるようになるまでには時間がかかる。誰かの行動をすぐに変えることはできない。根気強く子どもと接すれば、徐々に信頼関係が生まれて自分の行動に気をつけるようになる。

ポイント

□子どもを長く1人にし過ぎない。ときどき他の子どもから離すことは必要だが、毎回きちんと様子を見て時間を設定すること。時間を決めないと、「ちょっと歩いてクールダウンしておいで」と言ったつもりがただの長い散歩になったり、隔離ブースにいる2分間が10分間にのびたりする。「本人も気にしていないし、もう少し1人にしておこう」となると、1週間で何時間も費やすようになる。

□「困ったことをする子は困っている子」という理解を教師の間で共有する。その子自身とその子の行動を切り離して、正しいふるまいを教えることに意識を向けるのが大切だ。また、そういった子に対応するときは、子どもは暴れた後、落ち着くまでに大体40分かかると知っておこう。子どもを観察して、指導のタイミングを計ることができる。子どもは暴れる回数が増えるほど、落ち着くまでの時間が長くなる。3回目になると、なかなか怒りがおさまらないので注意が必要だ。

□協力できる支援員やメンターをつくる。学習支援員や学校理事、保護者、年長の子どもに学習を支えるメンター〔いわゆるお世話係とは異なり、ロールモデルとなる先輩や大人が学びや行動を支える〕になってもらう。罰則や生徒指導とは関係のない、子どもが信頼できて頼れるメンターがどの子にもいる状態をめざそう。

□学校側は心理的なサポートプログラムを用意しよう。「カウンセラーなんていなくても大丈夫だろう」と希望的観測をしたり、間に合わせの素人が対応したりするのではなく、プロに来てもらう。よくあるレゴを使ったセラピーはシンプルで、大人も楽しめるよい方法だが、どんな子にも効果があるわけではない。その子に合った方法をみつけることが大切だ。心理専門職による支援は絶対に手放さない方がいい。

□休み時間や昼休みに、子どもたちが安心して過ごせる安全な場所を確保しよう。誰でも行けて、子どものために時間を割いてくれる人がいる環境をつくる。みんながにぎやかにしている中、行き場がなくて校庭の隅で壁を見ているだけの子をよく見かける。

□子どもが問題を起こしたときは、正しい反応の仕方を教える機会だと考える。

Column 7

ヤギを使った指導

ブライトンという町のとある学校では、みんなが通る廊下のそばで小型のヤギを飼っており、学校で重要な役割を担っている。[3]

そこにいる4匹のヤギは、数学者のアラン・チューリングや同校の初代校長となったエセル・エリス、詩人のマヤ・アンジェロウ、哲学者のバートランド・ラッセルから名前をとって、アラン、エセル、マヤ、バートランド、5匹目のヤギは同校の現職校長〔当時〕にちなんでウィリアムと呼ばれている。教師と子どもがヤギと触れ合い、世話の仕方を学ぶヤギ・クラブがあり、校内を散歩させることもある。

ヤギは子どもにも教師にも愛されていて、完全に学校の一員だ。動物がいるとその場所の雰囲気が変わる。心に傷を抱えた子どもは、偏見なく無償の愛をくれる動物と深い絆を結ぶことが多々ある。ヤギといるときが一番落ち着くようだ。ヤギと子どもとの間に言葉のいらない絆が生まれ、ヤギがいるから学校に来るという子もいる。さらなる愛情を必要としている子にとって、ヤギとのふれあいは安らぎになり、暴れることが減って学校に馴染みやすくなる。

もちろんヤギの恩恵を受けるのは一部の子にとどまらず、学校全体におよぶ。学校の雰囲気が優しく明るくなり、ときどきヤギが抜け出して教室に入ってくることもある。ヤギは@VarndeanGoatsというツイッター〔現X〕のアカウントをもっており、世界中の学校にいるヤギと脱走計画を練っている。SNSでヤギとおしゃべりするとは、最高の時間の過ごし方ではないだろうか。

最近は以前に比べて動物を飼う学校が少なくなった。その理由はよくわからない。しかし動物を飼育するために必要な費用（ヤギ関連の経費は寄付金でまかなわれている）や掃除の手間、ときどき起きるハプニングも、学校文化の中心に愛が育まれることを考えると、十二分の価値がある。

3　バーンディーン・スクールのヤギに関しては、www.varndean.co.uk/goatsを参照。

筆者が16歳のときに受け取った通知表より

この子をどうすることもできませんでした。

CHAPTER 8

問題を解決し信頼関係を修復する対話

罰を与えても人の行動は変わらない。話し合うことでその人は変わるもし私が20年前に子どもとの対話（修復的対話）が居残りの代わりになると言ったら、みんなに笑い飛ばされたことだろう。しかし現在は、厳しい罰則を瞑想に置き換えた学校の事例（アメリカのメリーランド州ボルチモアにあるロバート・W・コールマン小学校など）が嘲笑ではなく関心を集めている。世界は変わりつつある。

普段から子どもと建設的に話し合う習慣がないと、よい関係は築けない。居残りにまつわる無限ループ（居残りを言い渡す↓事務処理↓逃げる子どもを追いかける↓また子どもが逃げて追いかける↓上司に報告↓子どもを追いかける↓上司に「まだあの子は居残りをしていないのか？」と言われる）を望む人は、誰もいないだろう。子どもによっては、あなたの話を真剣に受けとめるようになるまで、かなりの時間と労力、粘り強さが必要だ。だからといって黙って座らせたり、何かを書かせたり、1人で勉強させたり、天井を眺めさせたりすることに全力を尽くしても、その方が時間と労力の無駄になる。校長の力を借りてまで罰を強制しても、その子はどうして罰を受けさせられているのか、自分の何が悪かったのかを理解していない。今後どう行動すべきなのかを学ぶ機会にもなっていない。罰を与えても子どもは学べない。個々のニーズに合っていないこと、大元の行動に対して制裁がきつ過ぎることも問題だ。しかし、対話であれば、子どもに正しいふるまいを教えることができる。単純なことだ。

イギリスの刑務所は、自分の行動が他人に与える影響を理解していない大人で溢れている。そのような人は、町や会社、自分の周り、鏡の中にもいる。人と人とが助け合い、つながりのある社会の構築を目指すなら、子どもたちは学校を卒業するまでに、自分の行動が他者に与える影響を理解しておく必要がある。問題を抱えた子を排除したり、放置したりしていては、子どもたちに学んでほしいことを教えられない。よかれと思って罰を与えているのかもしれないが、子どもが大切なことを身につけられないのであれば、何の意味もない。人に対する敬意や感謝の気持ちをもたないまま、社会に送り出すことになる。

とはいえ、子どもがルールを破る度に話し合う必要はない。そんなことをしていたらキリがなく、教師の方がやる気をなくしてしまう。運動場にお菓子の袋を捨てたというだけで、15分も話すのはやり過ぎだ。信頼関係にヒビが入ったときや、子どものふるまいが最低基準を下回ったときに対話しよう。子どもが感情を高ぶらせたり、マナーを欠いたり、口にすべきではないことを言ったりしたときには、対話だけが双方のニーズを満たす解決策になる。

面談

面談は、ただ子どもに質問をして話を聞くだけではない。そのときの教師の態度が何よりも重要だ。

子どもにとって、教師と1対1で話をすることや、そこで自分のふるまいをふり返ることは、気の重くなるイベントだ。神経過敏になって、些細なことでも重く受けとめる。ともすれば、部屋の雰囲気や、あなたのボディランゲージ、声のトーン、抑揚、姿勢、そのすべてを、自分に対する非難の表れだと誤解しかねない。あなたが机をはさんで真正面に座り、眼鏡を鼻の上にずらして、イライラしたようにメモを取りながら話をしたら、その面談はほぼ失敗に終わるだろう。かといって、あなたが普段とは違う、過度にリラックスした雰囲気をつくり出そうとしていたら、それはそれで違和感を覚えて警戒する。

心を開いて率直に話し合うためには、指導室などの堅苦しい場所は避けた方が無難だ。歩きながら話すなど、一緒に何かをする方が、緊張感が緩和される。子どもの隣に座ったり、並んで歩いたりする方が、子どもの不安を取り除ける。強制したりプレッシャーをかけたりせず、自然に会話する。インタビューのように質問をするのではなく、レゴや粘土で遊んだり、地面の草を足で触ったりしながら自然に話そう。一緒にパズルをする、ガーデニングをする、あるいはただ本を並べるだけでも雰囲気が変わる。その方が、なぜか本音で話しやすい。私は昔から子どもと歩きながら話をするのが好きだ。もちろん学年が上がるほど、「先生、マジですか？　それはちょっと……」と言って一緒に歩くことに難色を示されるが、「いいじゃないか。ちょっと歩きながら話そう」と言うと、ほとんどの子は喜んでくれる。

面談での対話を成功させる方法

どうしても指導室や教室で話し合わなければいけないときは、次の点に注意してほしい。

1. 机をはさんで向かい合って座ったり、机の上に座ったりしない。
2. たとえ面談する要因になった行動に腹が立ったとしても、そこには執着せず、あなたが求めている結果だけに集中する。
3. 十分な時間をとる。「次の授業が始まるまで5分しかないけど…」というのはおすすめしない。最初から15分はかかると子どもに伝えよう。実際は10分で終わるかもしれないが、時間に余裕のある方が、あなたも子どもも焦らずにすむ。

4. メモを取り過ぎない。教師がたくさんメモを取っていると、一語一句記録されているような気がして落ち着かず、自然に話ができない。
5. 子どもに水を1杯用意する。
6. 面談の間、部屋のドアは開けておく。
7. 子どもに質問されたときは、子どもに言ってほしい答えではなく、自分自身の考えを伝える。
8. 子どもを責めるような表現は使わない。もし使ってしまうと対話は失敗し、子どもは防御反応をとる。
9. 子どもが嫌がっても、「本当に大切なことなんだ。あとで少し話せる？」と言って面談の機会を設定する。
10. 面談の最初に制服やネクタイ、上着、帽子などの細かいことについて触れない。そういう話をすると、教師と子どもの上下関係が強調されて、対話が失敗する。服装を注意した直後に、「冷静に自分の行動をふり返って、率直な思いを聞かせて」と言っても無理がある。
11. 気持ちよく面談を終える。どうやって会話を締めくくるか、あらかじめ考えておこう。最後の方で「そういや昨日〇〇先生と揉めたんだって？」と、別の話題をもち出すような真似はしないように。

内省を促す5つの問いかけ

尋ねるのは5つで十分だ。次の中から5つを選び、面談や問題行動に介入した後の対話で使ってみてほしい。スケジュール帳や名札の裏に書いておくと、いつでも使えて便利だ。自分と子どもの「どちらか」が正しいのではなく、あなたの見解と子どもの意見の間に真実があることを念頭において、問いかけよう。

1.「何かあった？」

途中でさえぎったり、否定したりせず、子どもの言葉を冷静に注意深く聞こう。そして善悪の判断は抜きにして、子どもの行動があなたの目にはどう映ったかを伝える。くれぐれも「ジョセフに絵の具をつけることが正しいと思ったんだろ？」などと決めつけるような言い方はしないように。自分の見解を伝えるときには注意が必要だ。焦らず適切な表現をみつけてほしい。あなたの考えを押しつけることが目的なら、子どもから話を聞く必要はない。

2.「あのとき、どんなことを考えてた?」

内省は、子どもが自分のとった行動や考え方のプロセスをふり返るのに役立つ。問題行動をとったときの思考が、あなた(と側にいた人)にとっては非合理的に思えても、本人はそうだと認識していないこともある。

3.「あの後、どう思った?」

この問いかけをすることによって、子どもが自分の意見や説明を変えたり、謝ったりする余地が生まれる。子どもによっては苦々しい気持ちや怒り、不満を抱えていることもあるし、会話を横道にそらすこともあるだろう。他方、問題の核心にすぐたどり着く場合もある。その子が自分の考えや気持ちを表現できるように、手を貸してあげてほしい。

4・「他の人はどんな気持ちになったと思う？」

子どもは自分の行動が他人に与える影響に気づいていないことがある。その子が問題行動を起こしている最中は仕方ないにしても、あとからそのことに気づかせることが大切だ。周りに人がいたせいで、本人は暴れている自分をよけてコートトラックにぶつかった子や、押された子がいたことに気づいていないかもしれない。この質問は次の質問につながっていて、他人を思いやれる子どもになってほしいという願いが込められている。怒りを爆発させると、他の子を不安な気持ちにさせたり、来校者にショックを与えたり、年少の子を怖がらせたりするのだと知ってもらうことが重要だ。

5・「今回のことで誰が影響を受けたと思う？」

この問いに対するよくある答えは、「僕だよ。出て行けって言われたし、休み時間はなくなるし、ペンが壊れたんだから」というものだ。もっと大きな視野で見られるように、優しく次のような言葉をかけてあげよう。「ハリス先生は？　算数の授業ができなくて困ったんじゃない？」「ジェミマは？　突然の大きな音が苦手だよね」「君のお母さんは？」「ジョエルは？　この休み時間中、一緒にバンドの練習に行く約束をしてたんじゃない？」。このような言葉をかけるほど、子どもは自分の行動で影響を受けた人の名前を自分から挙げやすくなる。こうした内省が習慣化すると、今後問題を起こしたときには、もしかしたら問題を起こす前に、他の人に与える影響を考えるようになるかもしれない。子どもに良心を使って自分をコントロールすることを教えるのだ。

この問いかけの後、次の質問に移る前に、その子が影響を与えたと思う人の名前を全部書いてもらい、「影響を受けた人がこんなにたくさんいるんだね」という言葉を添えるようにしよう。

6.「その人たちは、どんな影響を受けたのかな？」

もし5歳の子が、辛抱強く列に並んでいる29人の子を無視して、昼食を受け取る列の先頭に横入りしたら、そのような行動が他人に迷惑をかけると大人から教わる。保育園や幼稚園の先生は、どういうことをすると他の人にどのような影響を与えるのかを、かなりの時間をかけて教えている。そういうとき、「相手はどんな気持ちだと思う？」と問いかけることが多いようだ。しかし、こうした共感を学んできていない子どももいる。13歳、15歳、ときに

48歳でも、自分の選択の影響を理解していないことがあるのだ。その結果、自己中心的で思慮に欠けた行動が社会にはびこっている。それは「ジェレミー・カイル・ショー」〔イギリスのリアリティ番組。ゲストがののしり合うことが多い〕の自己中心的な出演者を見ても明らかだが、そこに出演する心理学者も、百万人の視聴者も、彼らにそのことを自覚させられないのだ。

7.「これを正しい状態にするためには、どうすればいいと思う？」

ほとんどの大人は、この質問をするときに謝罪を待っている。しかし、ここがいい対話になるかどうかの分かれ道だ。失敗すると、これは謝らせるための時間だったのだという印象を子どもに与えてしまう。だから、謝罪は強要するものではないと理解しておいてほしい。他にも過ちを正す方法はあるかもしれない。

大人のあなたから見て、次にすべきことが明らかに謝罪だと思っても、会話をその方向に導かないでほしい。子をもつ親は、強要された謝罪に意味がないことを知っている。自分から謝るまでには時間がかかるかもしれないし、大人と話をしなくても、子どもの方から謝ってくることもある。

たとえ謝ったとしても、あなたが納得するような謝り方ではないかもしれない。それでも批判はせず、子どもがきちんと謝れるようになるまで待とう。子どもの謝罪に気持ちがこもっていなくても、まずは受け止めるようにする。

8・「この先、同じような状況になったらどうする？」

先のことを考えたり、想像したりするのはいいことだ。その子が近い将来、同じような状況に陥って、同じような気持ちになる可能性は高いだろう。事前に考えておくことで、自分の行動パターンに気づくかもしれない。すぐに行動を変えられるわけではないけれど、自分の行動を選択するときに、少し考えるようになる。

小さい子との対話

５歳の子と先ほどの５つの質問を使って対話するのは、少し無理がある。その子の行動に関連がある、もしくはその子に必要だと思われる問いを２つ選び、子どもの成長に合わせて数を増やしていってほしい。

これは一例だが、年齢にこだわるよりも、その子を見て判断する。8歳の子と生産的な対話ができたこともあるし、他方、14歳の子と話して質問2つが限界だと感じたこともある。私は自分の行動が他の人にも影響を与えているということをわかってもらいたいので、小さな子には特に「このことで誰が影響を受けたかな？」「これを正すには、どうすればいいかな？」という質問をするのが好きだ。

子どもが黙り込んだときにすること

以下を参考にしてみてほしい。

1. 「〜を想像してみて」と言う。（影響を受けた人、これを正しい状態にする方法、今度同じような場面で違う行動をとるところ、など）
2. 「1から10のうち、どれくらい怒っていたか教えて」など、スケール（数字）を使う。
3. まだ話ができる状態でない場合は、「まだ話をする気にはなっていないみたいだね。少し待とうか？　それとも明日テイト先生にも入ってもらって、一緒に話す？」と対話の延期や第三者の介入を提案する。

諦めない教師になる

昔、私のクラスにライアンという子がいた。行動パターンがほぼ決まっていたため、暴れる瞬間は誰もが予測できた。ただ世間話をする分には問題ないのだが、教師が何かをお願いすると、どんなに丁寧な言い方をしても暴言を吐いて椅子を投げ、ドアをバタンと閉めて出ていってしまう。そして、屋上からプールにタイルを投げ入れながら、「俺はここから降りねーよ。消防隊を呼ぶなら呼べ！」と叫ぶのだ。ライアンは間髪入れずに感情を爆発させるという方法が好きだった。ほとんど悪気はないのだが、そうやって人の気を引くことが癖になっていた。急に暴れると、周りの人が諦めて放っておいてくれるからだ。

ある木曜日の夜、理事会が招集されて、ライアンを学校に残すべきか、もし残すのであればどういう条件をつけるかが話し合われた。私は、急に暴れることで教師の介入を免れようとするライアンの意図を理解していたため、何としてでも彼に合った方法を見つけて指導を続けるつもりだった。会議室のドアをノックすると、驚いた校長が「ディックス先生、何か御用ですか？」と顔を出した。

私は、ライアンと話がしたいこと、明日も彼と向き合わなければならないのは自分であることを伝え、ライアンは上着を脱がないという自分の行動に対する責任をとるべきであり、私は彼の問題行動を正す責任があるので理事会の協議に入れてほしいとお願いした。しかし、校長は真剣に話を聞いてくれたものの、いぶかしげな顔をして私を門前払いした。

他の子どもはこの件を通じて、ライアンと同じことを学んだと思う。つまり、急に激しく暴れると校長対応案件になり、担任教師の言うことは聞かなくて済むのだ、と。対応を学校管理職に委ねるやり方は、担任教師が力を発揮する機会を奪っているのではないだろうか。多くの学校では、子どもの抱える問題が大きいほど、上の者が対応すべきだと思い込みがあるが、本当にそうだろうか。「上の者が決めることに間違いはない」とでも言うように、子どもを受け持つ教師のあずかり知らないところで学校管理職が目標と行動計画を立て、それをクラス担任に渡すやり方は、個々の教師の権威を低下させている。

行動支援や生徒指導は、子どもが問題行動をしたときにどう対応するかがすべてだ。揺るぎない境界線を教えるために、いつ、どうやって子どもと対話の機会をもつかを見極めてほしい。常に子どもに目を配り、問題を見過ごさず、その子の評判にかかわらず親身に対応してくれる教師を子どもは尊敬する。例えば、ホームルームの前に少し呼び止めて「昨日君が教室を出るときに言ったことについて少し話せる？」と声をかけたり、朝の静かな時間に、「昨日あの子の髪の毛を滅茶苦茶にした件を話し合わなくちゃ。映像にも残ってる」と言って間違った行動の証拠を示したり、子どもの家を訪問して、保護者と一緒に帰りを待ったりするなどの方法だ。対話を通じてその子の行動の結果を示し、内省を促して、次の学びに向けてきまりや慣習を再認識させる。あなたのクラスは、あなたの責任のもと、あなたの一貫性にかかっている。途中で他の誰かが入ってきて罰を与えたり、あなたとは違う指導をしたりすると、子どもの行動は変わらず、日頃の努力が水の泡だ。不必要に第三者の介入を許すと、あなたの影響力が脅かされる。

目指すべきは、「あの先生ならきっと助けてくれる」と思われるような存在になることだ。昔のドラマに出てきた、執拗に犯人を追い続けるタフな刑事のように。一度そういう評判が広まると、子どもたちは自分の行動がもたらす結果から逃げようとしなくなる。あなたが近づいただけでふるまいを改めるようになるのだ。あなたが口を開く前に謝罪して自分の非を認め、共犯者を告白する。あなたに悪態をついたり、父親を使って脅迫したりすることがなくなり、違う選択をするようになる。あなたの存在がただの脅しではなくなり、重みを増す。そして、面倒に思いながらも、子どもたちは、あなたがどんなときも側にいてくれる存在だと学ぶ。

継続教育カレッジの中には、自動車整備士が私の車を見るような目で学生を見る先生がいた。つまり、「どこのバカがこんなことをしたんだ！　誰もこの子たちに学校でのふるまい方を教えなかったのか?」という驚きの目だ。同様に、中学校の先生は、「今まで子どもに何を教えてきたの?」と小学校を責め、小学校の先生は幼稚園や保育園を非難する。そして自分たちの手に負えないと、保護者のせいにする。

子どもは過去の経験や現在の人間関係に基づいて行動する。1回で正しいふるまいを身につけるわけではない。さまざまな人と触れ合う中で、徐々に自分なりのふるまい方を形成する。すぐに責任を回避する人、手順に固執する人、結果を忘れる人、罰を与えるだけで罪を許す人がそばにいたら、子どもはそのふるまいからも学んでいる。同時に、そうではない人のことも瞬時に見分けがついている。

子どもはみな、問題を見過ごさない教師を知っている。そういう教師は、逃げるのをとっくに諦めてブツブツ言っている不良たちに囲まれて昼休みを過ごしていることが多い。大切なのは、時間をかけて子どもに善悪の境界線を教え、その一線を越えようとする子を見過ごさないことだ。そうすることで、子どもとの対話がより効果を発揮する。双方の間で信頼関係を築き、それが壊れたらまた構築し、互いへの敬意を育んで安定が信頼に変わっていくように。

教師も謝る

子どもとの信頼関係を維持する上で、面談や対話だけでは不十分なことがある。ときには教師の方が失敗したり、十分なことができなかったりして、クラス全員に謝る必要があるのだ。中には、誰が見ても教師の非が明らかな場合でも、断固謝罪を拒否する人もいる。そういう教師はより傲慢にふるまってみたり、罰を厳しくしたり、問題を無視したりして、自分の非を隠そうとする。

大人が心から反省して謝ると、子どもはみな驚くけれど、その効果はとても大きいものだ。言い訳や弁明をせず、ただ謝るだけ。素直に失敗を認める。間違ったことをしたら謝るというよい手本になり、謙虚さも示すことができる。子どもの信頼を回復して、絆がより一層強くなる。子どもたちはあなたのいないところで、「あれはすごかったね。先生、完全に謝ってた」と噂して、教師の一貫性の揺らぎを許してくれるだろう。そうしてやっと、本当の人間関係の土台が築かれるのだ。

停学の本質を考える

停学は2つの要素でできている。一時的に学校を離れて頭を冷やす時間と、復学前の面談での対話だ。2つを別々に見ていこう。

停学処分を受けた子は大抵恨みを募らせて、1日中ソファに座ってゲームをするか、退学処分を受けた子／学校に行っていない子／不良の子と町をウロウロする。それは昔から変わらない。ほとんどの学校はそれを認識しているが、だからといってどこかに閉じ込めるわけにはいかない。

そもそも、学校から離れて頭を冷やす方法は停学以外にもある。もっと自然なやり方を取り入れたら、さらに選択肢が広がる。たとえば自宅謹慎の代わりに、所属するコミュニティーへの貢献活動に参加させる。ゴミ拾いなどの罰的なことではなく、責任の伴うことをプライベートの時間にさせる。そこに強力なメンターをつけると、長期的に子どもの行動が変わる信頼関係が生まれる。貢献活動と復学前の面談を組み合わせれば、子どもは自分の行動が招いたことの重大さを理解し、なおかつこれまでとは違うふるまいを学ぶチャンスが与えられる。問題を抱えた子を排除するのではなく、コミュニティーで受け入れるのだ。

私は以前、問題を起こしていた高学年の子がアシスタントとして放課後のクラブで下級生を教えたり、校務員と花壇の手入れをしたり、棚の整理をしたりして、コミュニティーに恩返しをする素晴らしい例を見てきた。いずれのケースも、彼らのメンターは子どもと自然に接していた。それまで誰とも関わりをもとうとしなかった子が自分の居場所をみつけ、決められた貢献活動の期間を終えても活動を続けることがしばしばあった。

停学について、もう少し柔軟に考えてみてはどうだろう。教師が子どもの行動に対応する方法はたくさんあるはずだが、子どものふるまいが悪化するにつれ、選択肢が停学や退学に絞られてくる。しかし何度も停学処分を受けている子には、意図的に悪いことをして大人の反応を見ていることが多い。

そして停学の後、学校に戻る際の対話は一番重要だ。今後どうするのが一番よいかを率直に話し合い、問題を修復して、新たなスタートを切る機会になる。気持ちが落ち着いた冷静な状態で境界線を再度確認する。停学よりも重い処分を検討する前に、この対話の場をもつべきだ。

停学の原因に固執する必要はない。その後の成長をふり返り、現時点でうまくいっていることや問題点を確認するのに最適だ。理事会のメンバーや学校管理職、主任教諭、保護者も交えて子どもと話し合うと、非常によい結果につながる。このミーティングは誓約書にサインさせることが目的ではなく、その子をどうサポートしていくかを話し合うためのもの。その子に（罰を与える責任のない）メンターをつけるのにもよい機会だ。メンターは教師でも、そうでなくても構わない。クラスの外に適したメンターがいることも往々にしてある。

いろいろな人を交えての意見交換は、うまくやれば、子どもが自分をさまざまな角度から見るのにも役立つ。ただし、やり方を間違えると、その子はみんなから責められているように感じるので注意が必要だ。大人の意見だけでなく、必ず子どもの意見も聞いてほしい。大人の側も、自分の行動や対応をふり返るいい機会だ。全員がこの機に学ぶことがあるはずだ。

教室で取り入れるには

実践

子どもとの対話は、やればやるほど上達する。リラックスをして自然に問いかけができるようになり、子どもをうまく導けるようになる。最初の１ヶ月は、週に１回だけ対話の時間をもつ。最初から対応のむずかしい子と話し合っても構わないし、慣れるまではそれほど大きな問題を抱えていない子と話をしても構わない。対話の後、その子の様子を観察してほしい。何かふるまいは変わっただろうか。問題行動は、いつどんなかたちで再発しただろうか。その子との関係は変わったか。対話した日以降、注意されたとき／褒められたときは、どのような反応をしているだろうか。

留意点

□他の子がいる前で、対話の内容には触れない。「先生は約束を守れないんだ」と思われて、その子との信頼関係にヒビが入る。約束を思い出してほしいときは、その子と2人きりで話そう。

□教師が落ち着いて思いやりをもち、準備ができているからといって、すべての対話がうまくいくわけではないと念頭に置いておこう。対話の効果が出るまでには時間がかかる。中にはあなたの本気度を確かめるために、約束の時間にわざと来ない子もいるだろう。そういう子は、なかなか自分の問題に向き合えないのかもしれない。自分の行動を内省できるようになるまでには回数を重ねる必要がある。

ポイント

□子どもに質問されたら、あなたも答えてほしい。目指しているのは対話であって、相手を辱めることではない。

□子どもに謝罪させることが目的ではない。そういう期待を抱いていると、つい子どもから特定の返事を引き出そうとしてしまう。双方が自由に語り合ってこそ、対話は有意義なものになる。謝罪を強要しても謙虚さは学べない。子どもに服従を求めないように。

筆者が16歳のときに受け取った通知表より

ポールは誰が見てもむずかしい生徒です。

CHAPTER 9

ルールに従う子、人に従う子

恐怖心は想像上の不安

怒りと心の傷を抱えている子ども

感情を抑えられない子どもは、往々にしてトラウマの多い人生を歩み、心に傷を抱えている。虐待された経験から非常に警戒心が強く、大人を信用しない。微妙な声のトーンやボディランゲージの変化、言いがかりめいた表現にも敏感だ。彼らはそうした情報を誤読した結果として激怒するのだが、本人にその認識はない。そういう子を指導するときに大切なのは、予測可能で一貫した、子どもの気持ちに寄り添った反応を示すことだ。

怒りの原因やしずめ方がわからない子に対し、しばしば大人は混乱するようなことを言う。不可解な比喩と事実の断片を交えて、一貫性のない説明をする。試しに「怒りって何？」「どうして腹が立つの？」とそのへんにいる5人に聞いてみれば、なぜ深刻な問題を抱えた子どもが混乱するのかを理解できるだろう。ある人は、「怒りとは導火線がたくさんある花火のようなもの」だと言い、「5つの段階があるサイクル」「火山のようなもの」「氷山のようなもの」「赤い霧のようなもの」だと言う人もいる。そして「怒りの原因はＡＤＨＤだからだ」「父親が家を出たからだ」「エナジードリンクの飲み過ぎだ」と心理学者のまねをして、怒りの原因を解説する人が多い。こんなことでいいのだろうか？　ただでさえ混乱している子どもに、大人がみんなバラバラの説明をしたら、子どもは余計に戸惑う。

大人は全員、自信をもって同じ説明をすべきだ。子どもは誰も答えを知らないのだと感じると、問題は自分にあると考える。それを防ぐために、どうやって怒りの感情が生まれるのかを教えてあげる必要がある。誰でも感情に飲み込まれると、理性的な判断ができなくなること。考え方が気持ちを左右すること。扁桃体が反応して感情のコントロールができなくなることを、子どもがわかるように説明しよう。その子に問題があるから怒ってしまうのではなく、怒りを自分でコントロールする方法があるのだと教えてあげよう。その子にだけ問題があって怒りに悩まされているのではなく、みんな同じだと伝えよう。無意味な罰を与え続けるよりも、気持ちのコントロール方法を教えることに時間を費やしてほしい。

これまでに何度も感情を爆発させてきた子にとって、急激に高まる怒りを抑えることはむずかしく、爆発させるのが癖になっている。人を一瞬で自分から離すためだ。子どもが暴れているときに介入する際は注意してほしい。何の心づもりもなく対応しようとすると、大体失敗に終わる。

そういうときに予測可能で一貫性のある、決まったセリフで介入すると、お互いの尊厳を保ったまま難局を乗り越えられる。台本を用意することに加え、声のトーンや抑揚、動作にも配慮してほしい。何の準備もないまま対応しようとすると、その場の緊張感から大切なことを忘れてしまう。例えば、以前その子がしたよいふるまいについて話をしたり、威圧感を出さないようにしゃがんだり、子どもが泣く／叫ぶ／暴れるのをやめて、話を聞ける状態になるまで落ち着く時間を与えたりすることなんかを。

子どもが冷静になってから行う対話は、あなたがその子の行動を読み解き、理解するための時間でもある。このタイミングでどんな風に導くかが重要だ。落ち着いた状態で話し合うとき、子どもはたくさんのことを吸収する。自分自身と対話する方法を教えるのは、大切な第一歩になる。どのような言葉を使って自分と話せばいいか、次のように簡単な例を教えてあげてほしい。

- 「いったんこの場を離れよう」
- 「私は自分を止められる」
- 「大丈夫」
- 「私は自分をコントロールできる」
- 「落ち着こう」
- 「ケンカよりも大切なことがある」

これに加えて、怒りが頂点に達したときでも、子どもができるルーティンを教える。手を叩く、緊張を緩和するために手をグーパーするという動作でも、壁や人を殴ることを避けられる。気分を変えるために自分が好きな場所のことを想像する、ネガティブなことを考えないように自分の手首を軽くトントン叩く、身体的にも落ち着きを取り戻せる深呼吸（7秒吸って11秒吐く）などをすると、怒りを一気に爆発させずに済む。

子どもの中には、労せずしてルールや境界線に従える子がいる。しかし怒りや心の傷を抱えた子どもは、既存のルールや境界線ではなく、まず信頼できる人に従う。それからその人のルールに従うのだ。

むずかしい指導をするときに気をつけること

1. 子どもの挑発にのらない

ほとんどの子は教師に口答えすることに抵抗を感じる。しかし中には、教師との全面対決に興奮を覚え、それが自分の力を確認する手段や、周りに認められるための方法になっている子がいる。彼らは意図的に口論になる状況をつくり、教師をあおる。その手っ取り早い方法が反抗することだ。この種の挑発には、次のように一定のパターンがある。

「〜しなさい」

「嫌だ」

「やりなさい！」

「嫌だ！」

「やれと言ってるだろ！」

「嫌だね」

と言って過熱する……というパターンだ。

しかし最初から気をつけていれば、簡単に挑発をかわすことも、話の流れを変えることもできる。子どもは教師を堂々巡りの会話に引きずり込んで、「出て行け！」と言われるのを待っている。激しい言い争いに発展させることが狙いだ。こちらが爆発寸前になったり、他の大人が仲介に入ったり、授業を中断して上司のところに行ったりすると、子どもの思うつぼだ。

（どんなに嫌気がさしても、あまり関心がなくても、疲れていても）その子の話をきちんと聞いていること、その話に関心をもっていること、その子の言い分を理解していることを示して、子どもの挑発を回避してほしい。ここでもどんな反応をし、どんな表現を使うかが重要だ。まともに話ができる状態まで軌道修正するためには、次のような言葉を使おう。

言い合いを避けるための言葉

①「〜のはわかる」（君が怒っている／イライラしている／激怒しているのはわかる）
②「〜してほしい」（この問題を解決するために、一緒に来てほしい）
③「たぶん君は正しい」（あの子たちとも話をする必要があるかもしれないね）
④「だとしても、〜してほしい」（だとしても、君には参加してほしい）
⑤「私もよく君と同じように思っていた。だけど〜する必要がある」
⑥「気持ちはわかる」（むずかしいのはわかるけど、君なら立派にやれる）

過敏に反応する子どもには、間を置きながら沈黙を使って話をしよう。子どもを刺激しないよう、普段よりかなりスピードを落として、ゆっくり喋る方がいいかもしれない。あなたの忍耐力と妥協しない姿勢は大きな武器になる。挑発に乗らず落ち着いて対応すれば、あなたの思いは子どもに届く。

平静時はもちろんのこと、どんなに緊迫した状況でも、小さな気づかいが大きな影響を及ぼす。子どもに考える時間を与える、クッションを抱きながら話をさせる、座り心地のいい椅子や飲み水を勧める、「話す準備ができたら、私はここにいるよ」と優しい言葉をかける。こうした心配りで、その子を批判するつもりはなく、お互いの尊重やサポートを重視し、その子の力になりたいのだという意思を示すことができる。

2. 悪いことをした子を目立たせない

自分のコントロールに苦心している子に対して、学校は奇妙なことをする。そういう、悪いことをする子を目立たせるのだ。

クラスや学校で有名になる、一番簡単な方法は何だろう。人一倍努力して並外れた結果を出すことだろうか？　それとも問題を起こすこと？　ほとんどの学校はこの点について何も考えることなく、21世紀の子どもたちに大昔の指導をしている。

例えば1950年代は、子どもを辱めて更正を促すことが効果的だと考えられていた（残念ながら、この方法は無差別な暴力や不当な退学処分を伴い、いまだに一部で引き継がれている）。悪いことをした子どもの名前を掲示板に貼り出す、廊下に座らせる、「私はバカです」と書いた帽子をかぶらせる、集会でやり玉にあげるなどのことが、指導の一環として行なわれていたのだ。

しかし現在は、有名になるためには手段は問われない時代だ。個性を重んじ、注目されること自体に価値があると考えられていて、多くの子どもが有名になりたいと思っている。もし一番手っ取り早く有名になる方法が問題を起こすことなのだとしたら大変だ。悪いことをした子が注目されるような指導は、かえって本人の承認欲求を満たし、ますます悪いことをするようになる。

あなたも「自分のクラスの子を順番に挙げてみて」と言われたら、最初に頭に浮かぶのは目立ちたがり屋の子どもだろう。その子たちは、意図的に印象に残るようなふるまいをしている。だとしたら、なかなか名前が挙がらない子の〝成果〟は何なのだろう。彼らは強い意志を持って、毎日一生懸命勉強している。礼儀正しく、行儀もよく、教師にも協力的だ。そういう子たちは、いつ評価されるのだろう？　スポットライトを浴びるのはいつなのか？当然、賞賛されるべきは彼らであって、注目を集めることに執着している子ではない。もしあなたが悪いことをする子を目立たせるような指導をしていたら、問題行動はなくならないだろう。

3．全力で安定した環境をつくる

過去の経験から大人を信用できなくなってしまった子どもには、安心感が必要だ。それも当然だろう。彼らのほとんどは、学校の外で何度も大人に失望させられる経験をしている。そのような子にとって一番むずかしいことが、大人を信用することだ。彼らは学校を転々とさせられていたり、さまざまな大人が介入を試みたりして、たらいまわしにされていることが多い。こういう子たちに、毎回違う大人と新しい関係を築かせるのは、酷ではないだろうか。うまくいかなくて当然だ。

傷ついた子どもには、よい教師／メンターが数人集まり、同じ顔ぶれで継続して指導することが欠かせない。そして、その環境が変わらないように全力を尽くし、その子が自信をもって新しい道を歩き始めるまで、長期的な関係を築けるようにしてほしい。

そうすることで、既存のシステムにとって不都合が生じることもあるだろう。〝通常〟のプロセスとは異なる対応になるため、最初は時間やコストがかかり、肩身が狭い思いをするかもしれない。子どものためとはいえ、安定した環境をつくるのは簡単ではないだろう。しかし、それこそが正しいやり方で、長期的にはみんなのためになる。

4．動じない

ルールに従うのが苦手な子どもと接するとき、動じないことは非常に重要だ。子どもの行動に対してこちらが驚きを見せると、子どもには知られたくないものが本人に悟られてしまう。あなたの不安や、彼らを理解しがたく思っていること、彼らがあなたの感情を揺さぶることができることなどだ。子どもがあなたに向かって暴言を吐くときはもちろんのこと、わざと行動をエスカレートさせているときにも動じてはいけない。あなたが驚きを見せると、その子やその行動を否定的に見ていることが瞬時に伝わってしまう。

私は今でも、問題を抱えた子が話してくれる内容にショックを受けることがあるが、その驚きを表に出さないすべを身につけている。話を聞いても反応はしない。表情、特に目の動きには気をつけてほしい。必要に応じて感情を表に出さない方法を身につけよう。あなたが本当の感情を素直に見せてしまうと、子どもが壁を殴ったり、ドアを蹴ったり、悪態をついたりするのを止めることはできない。無表情のまま思考を整理して、次の動きを考えよう。

5．自分の不安を隠し、恐怖心を理解する

教師が不安を抱えていると、それは一挙手一投足を通して子どもにも伝わる。子どもは人の緊張感や自信、確信のなさに敏感だ。それゆえ新任教師は生徒指導で苦労することが多い。教師はだれでも、自分の能力に不安を感じている。教師になったその日から、休み明けで学校に行くときも、みんな気持ちは同じだ。「失敗したらどうしよう」「これ以上できるかな？」と常に自分を疑う声が聞こえている。教育書を出しているような教師であっても例外ではない。

自分の不安をコントロールする技術を身につけよう。私は10代のときに、市場で偽もののブランド香水を売る怪しい男性や、路上演説でまったく正当性のないことを主張する人、警戒心のない人に儲け話をふっかけている人の姿を見て、あえて堂々とふるまうことの効果に気づいた。11歳のときから毎週日曜日はそういう人たちを見て、彼らの大胆さに魅了されたのだ。その堂々として自信に満ちた態度、人を欺く力は大したものだった。彼らの軽妙な会話と話術、完成されたパターンは、欲してやまない能力だった（もちろん犯罪行為に利用するためではない）。

教師に演技など必要ないと言う人は、日々の習慣が人をつくるという事実を忘れている。

よい教師は仕事中、自分の優れた部分だけを表に出して教師としてふるまっている。彼らも休みの日には、家でゴロゴロしていることがあるのだ。しかし普段から子どもの前でのふるまいを習慣化しているからこそ、つい素の自分が出そうになる瞬間でも安定感のある指導ができる。

ティム・オブライエン博士[1]によると、恐怖や不安はその対象が1カ所にとどまらないのだという。あるものに恐怖を感じると、別のものにも恐怖や不安を抱くようになるそうだ。「どうりで！」と、以前指導に関わった子のことを思い出した。その子はある科目、その教師、授業がどうしても苦手だったのだが、突然別の科目も「やりたくない」と言い出した。周囲の大人が数週間かけてあれこれ介入を試みる間に、その子は自分の焦燥感や怒り、不安を、別の教科にも向けるようになったのだ。何時間も必死で勉強を見て、なだめたり、おだてたり、ご褒美をちらつかせたりした努力が、突然水の泡になった気がした。みんな唖然とし、からかわれているのではないかと思ったほどだ。

学校は、子どものこうした方向転換にすぐ対応できるほど柔軟ではないが、子どもは自分でも意図せず態度を変えることがある。恐怖と不安は1カ所にとどまらないとはそういうこ

1　T. O'Brien, Inner Story: Understand Your Mind. Change Your World (CreateSpace, 2015).「T・O・ブライエン『心の話：自分の世界を変える方法』（クリエイトスペース、2015年）」

とだ。だからトラウマを抱えた子の指導はむずかしい。慎重に目の前の問題に対応していると、別のところから新たな問題が生まれてガックリすることもある。

6. もっと扁桃体について学ぶ

闘争・逃走反応のことは、誰もが知っている。イギリスの教師は全員、教員養成課程で学んだ。しかし私はそのメカニズムを十分に理解しておらず、ラフバラー大学でスポーツ科学を教えている大学院生から教わった。

私が大人の行動と一貫性に関する基調講演を終えて、廊下でコーヒーを飲んでいるときのこと。数人の大学院生が近づいてきて、「こうやってみてください。こうです!」と言ってきた。

彼らはその場で大きなスマイリーマークの絵を描き、それを見せてきて私に右手を真っ直ぐ前に伸ばせと言う。スーパーマンの真似をさせられるのかと思った。パーティーか何かの帰りで、酔っ払っているのだろうか? しかし耳を澄ましても音楽は聞こえない。これから、自分たちが私の腕を下ろさせようとするので、絵を見ながらそれに耐えてと言う。とうとうたまらなくなって、「ちょっ、ちょっと待って! これってさっきの私の講演と何か関係があるの？　ちょっと怖いよ」と言った。すると、「これはあなたのお話と関係があるんです」と言うので、私はいったん彼らに言われるまましてみることにした。

最初に学生が腕を押したとき、私は下ろさずに耐えることができた。そして彼らが今度は悲しい顔のマークを見せてきたとき、この実験の意図を理解した。「悲しい顔のマークを見た私は、腕を押されたら下ろしてしまうだろう」。それがわかっていたので力を入れたにもかかわらず、指一本で軽く押されただけで、私の腕は下がってしまったのだ。不思議だった。「どうして？　私は抵抗していたのに」。学生たちは笑いながら、扁桃体が反応しているせいだと言う。「そんなばかな。闘争・逃走反応は、大きな脅威を感じたときに起きるものだろ？」

彼らはそのメカニズムを説明してくれた。人間は、疲れて機嫌の悪そうな教師の顔などを見て危険を察知すると、扁桃体が指示を出して、戦うときは手に、逃げるときは足に血液を送る。しかしもっと重要なのは、扁桃体が不快なものを感知すると、合理的な思考を妨げるホルモンが前頭前野に放出されることだ。こうして感情が優位になり、合理的な思考ができなくなってしまう。

「だからか」と思った。感情の制御がむずかしい子どもや、すぐにキレる大人、そして笑顔の力。昔から「マナーだから」とか「その方が査察官にいい印象を与える」とかいう理由で、いつも笑顔で挨拶するように言われてきたが、その根拠を論理的に説明されたことはなかった。しかし、この簡単なデモンストレーションですべての謎が解けた。子どもと話をするときや、意見・感想を伝えるとき、怒っている子に声をかけるとき、同僚と接するとき、朝の挨拶をするとき、あるいは子育てをするときでもそうだ。相手はほんの少しの脅威を感じるだけで合理的な思考ができなくなるとわかっていれば、こちらは笑顔でいようとする。ボディランゲージや声のトーン、アプローチにも気をつける。

扁桃体は経験から学習する。そのため幼い頃につらい体験をした子は、その学習が大きくなってからも幅を利かせ、些細なことにも過剰な反応を示す。だからこそ、彼らが心から安心できる学習環境を整えると、合理的な判断ができるようになる。

逆にあなたの行動が子どもの扁桃体を刺激してしまったら、彼らの成長は遅れてしまう。感情を爆発させた後、すぐに回復できる子も確かにいるけれど、中には授業が終わるまで、下手をすれば学校が終わるまで冷静さを取り戻せなくなる子どももいる。

トラウマとアタッチメントについて

トラウマやアタッチメントに関する問題は、他人への共感力に支障をきたし、その溝をうめるのに一生かかることもある。人間関係がいびつになったり、お互いの間で認識のずれが生じたりして、うまく関係を育めない。

罰を与えてもトラウマやアタッチメントの問題が解決しないことは、教師ならだれしも理解している。それなのに、かんしゃくを起こして〝問題児〟というレッテルを貼られてしまう子どもがどの学校にもいるのはなぜなのだろう。「成長マインドセット・ルーム」と称される隔離ブースにいる子や、退学処分が間近の子のような、安定した環境を誰よりも必要としている子どもたちのことだ。

子どものトラウマやネグレクト、虐待は、大人、特にその子が最も信頼していた大人によって引き起こされている。イギリスでは10人に1人の子がネグレクトを経験していて、児童相談所が子どもを保護する一番大きな要因になっている。[2]

このような経験をしてきた子が、新たに出会った大人と関係を形成していくことに強く抵抗するのは当然のことだ。アタッチメントの問題やトラウマ、虐待された経験のある子どもの行動は、複雑で予測できないことが多く、突然思いもよらぬ展開になる。基本的に、そういう子どもは非常に用心深い。ボディランゲージや声のトーンの微妙な変化、望まない身体の接触に大きく反応する。自分を守るために、常に警戒しているのだ。扁桃体が警報の役割をしており、心に傷を抱えた子どもの場合は、それが極限まで敏感になっている。過去の経験で身についた警戒心を解くことは、非常に難しい。定期的な心理療法を行ない、過去の経験と折り合いをつける手助けをすることはできるが、そこに罰は必要なく無意味だ。アタッチメントの問題を抱える子どもに罰を与えて治そうとすることは、折れた骨を大きなハンマーで叩くようなもの。大きな欠乏感に苦しむ子どもに愛情を与えず隔離する行為は、野蛮にさえ思える。

「幼い頃のトラウマ」や「小さいときのアタッチメントの問題」という表現は、まるでそれが過去の問題であるかのような印象を与える。成長するにつれて、その問題も自然に解決するかのような。

しかし、つらい子ども時代を過ごした人は、そんな簡単な問題ではないと言うだろう。大人になってからの人間関係や家族との関係にも影響し、なかなか人を信頼できずにいることが多い。完全に乗り越えることがむずかしかったり、一生付き合っていく場合もある。

代替教育施設から学ぶ

多くの通常学校には、子どもの行動に関して何か誤解があるように感じる。それは、「これ以上できることはない」「この子のためにできることは全部し尽くした」「今は〝証拠〟を集めているところだ」という言葉や、よくある「この子は手のつけようがない」という何気ない発言に表れている。

他方、優れた代替教育施設は次から次へと罰を与えたり、退学処分にしたりすることはなく、本格的なセラピー型アプローチを使って子どもたちのことを諦めない。

彼らは行動支援に関する豊富な知識と経験を蓄積している。彼らのようになるためには、時間や投資、優れた人材の確保が欠かせない。簡単ではないが、一度ノウハウが形成される

2　11歳から17歳の子を対象にした調査では、9.8%の子が保護者からひどいネグレクトを受けたことがあると回答している。Radford, S. Corral, C. Bradley, H. Fisher, C. Bassett, N. Howat and S. Collishawの「Child Abuse and Neglect in the UK Today」(London: NSPCC, 2011) やNSPCC, Child Protection Register and Plan Statistics for All UK Nations for 2015 (https://www.nspcc.org.uk/services-and-resources/research-and-resources/statistics/) L・ラドフォード、S・コラル、C・ブラッドリー、H・フィッシャー、C・バセット、N・ホワット、S・コリショーの「イギリスにおける児童虐待とネグレクト」(ロンドン、NSPCC、2011年) やNSPCCの「2015年イギリス　児童保護記録、計画と統計結果」を参照。

と、安定して落ち着いた一貫性のある指導ができる。優れた代替教育施設に優秀な人材がそろっているのは偶然ではなく、じっくり時間をかけて適切な人材を探し、何年もかけて育成している。子どもが投げる椅子をよけて暴言を受けとめた後、優しい励ましで学習を促す、素晴らしい人材をみつける力がある。

代替教育施設の教師たちは、謙虚であることの大切さや、優しさは弱さではないことを理解しており、子どもに暴言を吐かれても冷静さを保ち、すぐ組合に電話したり、校長室に駆け込んだりはしない。罰に効果がないことも理解しているため、他の方法を探り、単純に罰を与え続けるようなこともない。

彼らには子どものよき手本になる覚悟があり、問題に直面する度に、その決意を固めている。翻って通常学校の中には、弱い立場にある子どもを罰するためだけに隔離ブースをつくっているところがいまだにある。代替教育施設は、子どもとの信頼を基に公平な関係を築き、個々の子どもに合わせた指導をしている。通常学校では懲罰式が根強く支持されるのに対し、代替教育施設は問題を抱えた子どもに本当の意味で合理的なアプローチをとっているのだ。

こうしたアプローチや考え方は、代替教育施設では必須条件だが付け焼刃では役に立たない。日々、その能力が試される。もしライアンの行動の意図が理解できず、それに合わせて声のトーンを適切に変えられなければ、彼は感情を爆発して暴れ、あなたに拳が飛んでくることもあるのだから。もちろん、心に傷を抱えた子どものこうした行動は、われわれ教師のメンタルにも大いに影響する。それを放置していると、教師がどんどん入れ替わり、学校全体で一貫した指導を維持するのがむずかしくなる。大人へのケアも、子どもへのケアと同じくらい大切なのだ。

そもそも、指導のスタート地点が違う。代替教育施設では、子どもの学習意欲が低いのは当たり前という前提で、やる気を育む努力をしている。無理強いをしても何の意味もないとわかっているため、その前提でいろいろと工夫するのだ。彼らは子どもの感情がうつろいやすいこともわかっているので、授業の雰囲気やペース、中身を変えながら柔軟に対応する。

また、保護者にもさまざまな人がいて、子どもの教育に関心が低い人もいる。中には、子どもに悪影響を及ぼす保護者も少なくない。アルコールやドラッグを買うために貧困を極めた家庭をたくさん見ると、「この状況はどうしようもない」と思ってしまう。でも、諦めるのはまだ早い。そんなときこそ、子どもが迷ったり困ったりしたときに頼れる大人を何人か用意したり、よいロールモデルとの関係にフォーカスさせるという対応ができる。子どもの家庭環境に問題があるときには、子どもと力を合わせるのがむずかしいと感じがちだが、実際には一緒に乗り越えていくことは可能なのだ。そしてその経験は、この先も生かすことができる。

代替教育施設には、何気ないけれど効果抜群な習慣がある。教師たちが学校の入り口に立って、1人1人の名前を呼びながら子どもを温かく出迎えること、個々の子どもに合わせたメンタリングを行うこと。専門家による根拠に基づいた心のケアの提供。データを活用した学習支援。罰則を使わず思いやりのある生徒指導をすること。通常学校は、それを他の通常学校が実際に実践しているところを見るまで導入しないことが多い。

代替教育施設は、子どもが仕方なく送られるところではない。明確な存在意義のもと、子どもに居場所を与えている。しかも一時的な居場所ではなく、長期的な学びを提供する場所を。子どもを学校に合わせるのではなく、それぞれの子に合った最適な教育をするという理念に基づいて運営されている。

障害のサイン?

自閉スペクトラム症〔ASD〕、注意欠如・多動症〔ADHD〕、反抗挑発症、胎児性アルコール症候群。子どもの発達障害にはさまざまなものがあるが、本当にインクルーシブな教育は、その子にどんな能力が足りないかばかりにこだわったり、障害をタグづけして〝正解〟とされている対応を押しつけたりしない。世間には「発達障害の子どもに対処する〝魔法〟の処方箋」というような情報が溢れている。しかし、戦闘機（第二次世界大戦中のヨーロッパの戦闘機限定）について喋り続け、血が出るまで手の甲を引っかき、人を喜ばせるためなら何でもやり過ぎる、目の前にいるその子と接するときには何の役にも立たない。その子に必要なのは、病名や対策ではない。（診断されたもの、予想や想像上のものを含め）何らかの障害があろうがなかろうが、あなたが対峙しているのは症状ではなくその子だ。その子を教育するために、あなたはそこにいる。試してみればわかる。万人に使えるノウハウはない。

子どもはクラスの仲間が怒りやすかったり、急な変化を嫌ったり、隙さえあれば大騒ぎしたり、絵の具をまき散らしたりしても、そういう子だと思ってその子と接している。それなのに教師の方が子どもを分類して指導したがっているのだ。しかし人間は、そんな分類ができるほど単純ではない。もっと個々の子どもを見るほうがいいのではないだろうか。

本当の教育は、現実に則したものだ。確かに自閉スペクトラム症に関する本やインターネットの情報、対処法やテクニックは興味深く、素晴らしい内容もある。その一方で、それらが目の前にいる子に当てはまらないことも往々にしてある。分類やタグは、資料を集めるときには便利だが、本当にその子のためになるかはやってみるまでわからない。

子どもが予想外の反応をしたときでも、あなたがその子の気持ちに寄り添い、その声に耳を傾けているなら心配ない。その子につけられたタグの知識よりも、その子自身を理解することの方がずっと大切だ。最近行ったコベントリーの特別学校〔日本の特別支援学校に相当〕も同じアプローチをとっており、その子に貼られたラベルよりも、目の前にいる子どものニーズに応えていた。

むずかしい問題を保護者と話すとき

子どもとの会話は比較的予測がついて対応しやすいのだが、保護者と子どもについて話すときには注意が必要だ。電話でも対面でも、危ない方向に転ぶ可能性がある。

一度Sさんという保護者を学校に招いたとき、一緒に歩きながら彼女の子どもを悪く言ってしまったことがある。誰もいない面談室に到着すると、Sさんはドアを背にして立ち、私は逃げられなくなった。なぜ息子をゾウ呼ばわりしたのか（私は記憶力がいいことを褒めたつもりだったのだが、その子の体の大きさもあって誤解された）、教師になるには若すぎる（今思えば、その言い分は妥当）、失礼だと激しくがなり立てた。そして散々私を攻撃して自分の車に乗り込み、拳を振り回したときに「愛とにく」というタトゥーが見えた（最後の「しみ」はお金が足らなかったのだろう)。私はただ彼女が疲れるのを待ち、隙を見て部屋から脱出することで精一杯だった。それ以来、保護者と話をするときは、いろいろなことに気をつけている。

むずかしい保護者と会うときに大切なこと

1. あらかじめ部屋をとっておく。お菓子を用意しておくと、なおよいかもしれない。その場で空いている部屋を探しまわるのは、得策ではない。
2. 自分からはもちろん、相手からふられても、最初から子どもの話をしない。出だしから子どもの話をすると、お互い感情的になりやすい。
3. 始めは「お仕事はどうですか?」「おばあ様はお元気ですか?」など、保護者が「自分や我が家のことを気にかけてくれている」と思えるような世間話をする。幸いこのように相手の注意をそらす方法は、大人にも子どもにも有効だ。
4. 本題に入った後、話が横道にそれそうになったら、「ごもっともです」「〜の指導についてお力をお借りしたいのです」「おっしゃるとおりなのですが……」「ご自宅では楽しく過ごせているということなので、この話を聞いて不思議に思われるのもわかります。ただ、……」などの言葉を使って軌道修正をする。

5. 話がまとまらないときのために、「お忙しいでしょうから、今日はこの辺で」「もうすぐ職員会議がはじまりますので、続きはまた日を改めてもよいですか？」「火事だ！」など、ひとまず面談を終えるためのセリフを練習しておこう。

教室で取り入れるには

実践

来週、子どもの挑発をどれだけ回避できたか数えてみてほしい。子どもがあおってきたら、そのときのことを毎回記録する。あなたの行動を何回コントロールしようとしたか数える。子どもと力比べをしないようにしよう。子どもとの会話が堂々巡りになったら、話題を変える、会話を打ち切るなどしてうまく乗り切る。子どもの注意をそらし、短い言葉で挑発には乗らないことを伝えよう。

あなたを怒らせようと必死になっているときは、子どもは短時間で行動をエスカレートさせることがある。自分が幸せを感じる瞬間を思い出して冷静さを保ち、理性的に忍耐強く対応して、翌週にはどれくらい挑発が減るか様子を見よう。子どもが挑発をしなくなるまで、どれくらい時間がかかるか観察してみてほしい。

留意点

□中には、すでに心が崩壊寸前で入学してくる子もいる。それをすぐに回復させる方法はない。平静を取り戻そうとしている間に怒りのピークを迎えることもあるので留意しよう。

□子どもの中には、褒められることが苦手な子もいる。こちらが本当にすごいと思って言った言葉が拒否されると驚くが、自己評価の低い子は賞賛を素直に受け入れられないのだ。賛辞の言葉が自己イメージと違うときや、あなたのことをまだ信用していないとき、何か裏があるのではないかと疑っているときは、あなたの言葉を拒否する。1ヶ月間辛抱強く褒め続けてあなたの本気が伝わると、子どもの反応は変わるけれど、その変化は急激なものではないと知っておこう。その子は今まで一度も自分を肯定的に見る機会がなかったのかもしれない。

ポイント

□暴れた子どもの対応中、ある学習支援員の物腰に感心したことがある。彼は子どもの隣で壁にもたれながら、とても穏やかな口調でゆっくりと、「落ち着いてからでいいよ」と言ったのだ。彼が本当にそう思っていることは、傍目から見てもわかった。しばらくすると子どもは顔を上げ、彼の目を見た。心の準備ができた合図だった。

□途方に暮れたときや、どうしたらよいかわからないとき、何をやってもうまくいかないときは、優しくあることを意識しよう。

筆者が14歳のときに受け取った通知表より

クラスのムードメーカーという役割に固執しているようですが、
真面目な場面ではそれ相応のふるまいをすべきです。

CHAPTER 10

それでいいのか、指導方針!

刑務所よりも規則が多い

ほとんどの校則〔イギリスの校則は、目指すべき行動規範を示したbehaviour policyや罰則規定を含んでいる〕は、決まり文句を寄せ集めただけの支離滅裂な代物で、今も昔もほとんど子どものためにはなっていない。誰も覚えていない膨大な数の規則と、教師の時間を奪うだけの罰則、不条理で官僚的な手続きがあるだけだ。教師が一貫した生徒指導をしたいと思っても、それをはばむようなものにもよく出くわす。

ありとあらゆる状況を想定してつくられた規則と、厳しい懲罰がセットなったものが大半で、学校の形式主義を助長している。そのため、指導が機械的なプロセスになっており、どんどん子どもを追いつめて、最終的には退学処分が待っている。でも、本当の意味の生徒指導はこんな形式では実現しない。

よい指導方針は、子どもに求めるものを最低限かつ確実に押さえつつ、個々の子どもに合わせた対応ができるように、教師の自主性も認めている。基本的なことは学校全体で統一しながら、個々の子どものニーズにも合わせられるようにできているのだ。そして学校の方針にしろ、クラスの方針にしろ、中身はシンプルなものが一番だ。

自分なりの指導方針をもつ

あなた自身の指導方針と、学校の方針には明確な整合性が必要だ。学校の方針が不明瞭で現実に即していない場合や、（「教師は適切だと思われる処分を下す」などのように）あいまいで制裁を推奨するような場合は、各教師の工夫が欠かせない。荒れた学校や、学校全体の方針に中身がない場合は、自分なりの指導方針を立ててほしい。自分で方針やルールをつくれば、安定した教育環境を築ける。あなたが成功すれば、他の人のよい見本にもなる。

指導方針を決める際は、以下の3点を土台にしてみよう。

1. （自分が望む学級文化を形成するために）教師である自分はどのようにふるまうべきか。
2. 自分（教師）にどんなルールを課すべきか。
3. 子どもの行動（よいものも悪いものも）に対して、自分（教師）はどのように反応すべきか。

各項目を、じっくり時間をかけて考えよう。自分で決めた指導方針を導入したての頃は、これらの問いに対する答えを頻繁に（場合によっては5分おきに）子どもと共有するのもいいだろう。

〝戒律〟と呼ばれている規則

仕事でイギリス北西部にある小学校に行ったときのことだ。校長は予習してきたようで、「ポールさん、あなたの本などは読ませていただいています。きまりは少ない方がいいということですから、うちでは5つの〝戒律〟に絞り込んでいます」と挨拶された。「それは素晴らしい」と言うほかなかった。学校の規則を「戒律」と呼ぶ人に、それ以上何が言えるだろう。

子どもたちも規則を理解しているか聞いてみようと提案した。校長は「それはいいですね」と言いながら、「何を企んでいるかはお見通し」と言わんばかりの笑顔を見せた。そして続けた。「5週間かけて毎週1つのきまりを集会で話しましたから、子どもたちも絶対に覚えているはずです」。

廊下で1年生の男の子に会ったので、「ちょっと教えて。この学校の規則を知ってる？」と声をかけた。すると、「えーっと、えーっと」と考え込む。周りをキョロキョロ見ながら（おそらく規則が書かれたポスターを探していたのだろう）ものすごくむずかしい顔をして、一生懸命考えている。そして、「あの～、帽子をぬぐこと？」と絞り出すと、校長はがっくり肩を落とした。私は少年が去った後、校長に「帽子を脱ぐことが〝戒律〟の1つですか？」と歩きながら尋ねると、彼女は怒りをうまく隠して、「いいえ、違います」と言った。

次は5年生の女の子が目に入ったので、同じ質問をしてみた。すると彼女も壁をチラチラ見ながら「えーっと、えーっと」と考えた末、「『フードをかぶらない』！　フードをかぶらないこと？」と言った。校長に合っているか尋ねると、すでにぶつぶつ言いながら、さっさと前を歩いている。彼女に追いつくと、「わかりました。どうしてあの子たちがそう答えたか、理由はわかっています」と言った。雨の降る寒い日に、子どもは防寒具をつけて登校してくるので、教師たちが「帽子やフードは脱ぎなさい」と呪文のようにくり返しているらしい。それが唯一、全職員が口をそろえて言う言葉だったので、子どもたちは学校で一番大切な規則が「帽子とフードを脱ぐこと」だと思っていたのだ。

私たちは6年生の教室に入り、今度は学級担任の先生に学校の〝戒律〟を聞いてみた。すると、「上司の前でこんなことを聞くこの人はいったい誰？」とでも言いたげな目で私をみつめ、それから自分のスケジュール帳を開いて必死に答えを探し始めた。

　誰もきまりを覚えておらず、調べないないとわからないようであれば、誰も本当の意味ではきまりを理解していない。本当にわかっている人なら、生徒指導の話をする度に、そのきまりについて触れる。大人の間で一貫性が欠けていたら、子どもにも一目瞭然だ。子どもがゴミを床に捨てたとき、教師がみな違う反応をして、違う感情を見せ、違う基準を持ち出すところを想像してほしい。「君は家でも同じことをするの？」「学習環境を守ることはとても大切だよ」「ゴミが落ちていると危ないから見過ごせない」「ゴミが落ちてると、すごく嫌なの。」「みんなに悪いと思わないのか？」「不潔ね。ゴミを拾いなさい！」——異なる価値観やきまり、指示を浴びせるのは、子どもに自分で法則をみつけろと言っているようなものだ。誰もが混乱し、勝手に解釈して無視するような境界線は、ないのと同じだ。

　あなたの学校では、子どもたちはきまりや校則を本当に理解しているだろうか。尋ねられたらすぐにそれらを答えられるだろうか。それとも返答につまって、「えーっと、帽子？携帯電話？　制服？」と的外れなことを言うだろうか。校内をまわって、子どもに期待する行動や規則を書いたポスターを集め、一度俯瞰で見てほしい。数を数え、自分に問うてみよう。あなたはいくつ知っていただろうか。あなたの学校には本当に一貫性があるといえるだろうか。

多過ぎるきまり

子どもも大人もきまりを知らない、つまり誰もきまりを理解していないのは、数が多過ぎるからだ。イギリスのほとんどの学校では60以上あるだろう。公表されているものは10～20個かもしれないが、その中に埋もれている奇妙なきまりや制服に関するルール――靴下の長さや髪型の規定、銃やナイフ、ドラッグなどに関するもの――が山ほどある。食堂でのきまり、廊下でのきまり、校外学習や係制度に関するきまりもある。

授業中や宿題の提出、整理整頓に関するきまり、移動のときのきまり、「バレーボールは蹴らない」など、学校の道具や設備の使い方に関するきまりもあるのではないだろうか。「わざと同じことをくり返して言わない」「悪い言葉づかいをしない」などの言葉や話し方に関するきまり、「悪いことをしない」という道徳的なきまり。違反項目は「みんなの手本にならない」「協力的ではない」「自分の名前を言わない」などで、まるで軍隊のようだ。きまりを守れなかった子どもたちを「違反者」「トラブルメーカー」「破壊神」と呼ぶところさえある。そういう学校では教師に対する具体的な指示がほとんどなく、「できる限りやってください」「対策を講じてください」「対策をとってください」というあいまいな空気だけがある。

子どもに禁止しているものもたくさんある。携帯電話、カチカチ音の鳴るボールペン、ボトルフリップ（液体の入ったペットボトルを空中に投げ、回転させて直立させる遊び）、ラジオ、食べもの、飲みもの、ヘッドフォン、フード、帽子、白い靴下、アクセサリー、日焼けした肌に見せるためのファンデーション、サッカー（口論を防止するため）、指定以外のポロシャツ、トレーディングカード（口論を防止するため）、糖分、粘着テープ（これでボールをつくってサッカーをして口論になることを防止するため）など、延々とある。

それに、「学校の評判を落とすような行いはしない」「危険なことはしない」「隣人を愛せ」など、あいまい過ぎて読むだけ無駄な、漠然としたきまりもあることを忘れてはいけない。その上、「停学」「退学」「除籍」という脅し文句も満載だ。

さらに、「人を不快にさせない」「感じのよいマナーを身につける」「正当な宗教上の理由がある場合を除き、フードや帽子など、頭には何もかぶらない」「他者のニーズを尊重する方法でふるまう」など、主観的過ぎて何が正解かわからない規則もある。世界一脱獄がむずかしいと言われていたアルカトラズ連邦刑務所には52個の規則があったそうだが、イギリスのほとんどの教育施設には、それ以上のきまりがある。

きまりで使用される言語：学校か刑事施設か

学校のきまりには刑務所関連の用語が散りばめられている。以下は、校則と刑事施設（アルカトラズを含む）の規則に使われている言葉だ。どれが学校で使われているものか当ててみてほしい。

1. 権利の剥奪。
2. 禁制品の所持は重大な違反行為である。
3. 指示には必ず従わねばならない。
4. 懸命に努力し、貢献すること。
5. ナイフの携行禁止。
6. 常に自分と他人の安全に考慮して行動する。
7. 反論せず指示に従う。
8. 怠慢と徘徊は処罰の対象になる。
9. 大声での会話、叫ぶ、口笛、放歌などをして不要な音を出すことは許されない。
10. 食堂で騒ぐことは許されない。

11. 上記項目の違反は禁止。（健康と安全に関する義務、その他規定、規則、方針、ガイドラインを含む）
12. 「区域」とは、移動が許可されている場所、移動が禁止されている場所、立ち入り許可の必要な場所を指す。
13. 髪の長さは一定で襟にかからないようにし、両耳が見えるようにする。二枚刈りよりも短くしてはならない。
14. 隔離ブースの使用上限は3日以内とする。
15. 3時間以上の隔離を禁ずる。

答え

1：学校、2：刑事施設、3：刑事施設、4：学校、5：学校、6：学校、7：学校と刑事施設、8：刑事施設、9：刑事施設（と多くのクラス）、10：刑事施設、11：学校、12：学校、13：学校、14：刑事施設（現在イギリスの少年院で使われている規則）

生徒指導がうまくいっているクラスや学校では、きまりを壁に貼らず、指導の中に組み込んでいる。学校のいたるところにきまりを貼り出さねばならないなら、それは誰もその規則を理解していないということだ。家庭のルールをすべて紙に書いて貼っている家はないだろう。浴室や階段に禁止事項は書いていないし、食事に関するきまりも明記していないが、ドーナツを食べて興奮した子どもがシャワーカーテンにぶら下がったり、浴室から飛び出して階段を駆け下りたりするような無法状態にはなっていない。

もちろん家庭でも学校でも、単にルールを知っているだけでは不十分だ。大人が会話や行動を通じて、子どもに日々実践することを教えなければいけない。本当にルールを理解していたら、貼り紙は必要ないのだ。

それから、赴任してきたばかりの時期や新学期に、子どもと一緒にルールをつくるのはおすすめしない。共に合意を形成するのは、お互いの信頼があってこそ本来の価値を発揮する。多くの課題を抱えた学校の最初の授業で「一緒にルールをつくろう」などと言おうものなら、自分からハイエナの群に飛び込むようなものだ。子どももしばらくの間はおとなしくしているかもしれないが、それは最後は自分が勝つと確信しているので、余裕を見せているだけだ。

学校全体で一貫性のある指導方針のたて方

1．シンプルで簡潔、矛盾のないものにする。項目は少ないほどいい。

2. 懲罰式はやめ、思考停止したまま機械的に指導するのではなく、問題解決能力の向上を推奨するようなものにする。
3. 関わる大人全員が毎日、目に見えるかたちで一貫して取り組むことを合意する。
4. 教師にも子どもにもわかりやすいかたちで、よいふるまいの例や情報を共有する。
5. 「教師が自分の感情にふりまわされて指導することは許されない」という前提を共有する。
6. ルールを3つ決め、しっかりと守る。
7. 学校全体で協働覚書を1枚の紙にまとめ、全員で一貫した指導に取り組む。
8. 子どもとの問題解決のための対話を奨励する。
9. 子どもが約束を守らないときは、居残りをさせるのではなく課題を与える。
10. 子どもがよいことをしたらすぐに褒め、悪いことをしたときはすぐに注意して、行動と結果の因果関係を明確に示す。

生徒指導の基本5か条

文化や優先順位、歴史、コミュニティーのあり方、目標は学校によって異なる。しかし生徒指導に関しては、学校ごとに異なる点よりも共通点の方が多い。子どもは勉強するより遊びたいこと。素晴らしい行いは褒めて伸ばしたほうがいいこと。全体の5％ほどは問題を抱えた子どもがいること。これは、どこも同じだ。これに対応するために持っているリソースの量も、それほど変わらない。そして私たちは全員、子どものふるまいがよくなることを願っている。

それなのに、どうしてそれを実現するための方針や方法は、学校によってまったく違うのだろう。私がこれまでに見てきた学校は、どこも一貫した指導を根づかせるために方針の単純化が必要だった。

ここでは、どの学校でも取り入れてほしい基本を5つ紹介しよう。

1. 一貫して落ち着いた教師の言動。
2. まずよいふるまいを見つけて褒める。
3. 決めた習慣は必ず守る。
4. むずかしい指導用に台本を準備する。
5. 問題解決のための対話を用いる。

これらは、教師が各々指導を行う上で確かな土台になっていく。個々の学級経営においても、学校全体の一貫性を形成する上でも欠かせない基盤だ。この5項目は287ページの協働協定に使用できるほか、保護者に指導方針を説明するときや、教員研修を行う際の指針、教職員間でフィードバックをするときの指標としても活用できる。この5つを守ることで、学校全体の一貫した教育方針を維持しながら、それぞれが自分のスタイルやアプローチ、個性に合わせて指導することが可能になる。

準備、敬意、安全(RRS)の力

「準備 Ready、敬意 Respectful、安全 Safe」のRRSは非常にシンプルで明快なルールだ。私がサポートしてきた学校では、どこもRRSを取り入れている。RRSはルールが3つしかないため覚えやすく、きまりと価値観のバランスがよい。シチュエーションに合わせて、「こういうときは、こうしましょう」と伝えるポスターを貼っている学校が多い。幼児には、「やさしい手、やさしい足、やさしい言葉」のような標語の方が伝わりやすいと主張する人がいるかもしれないが、私の知る限り、RRSは保育園や幼稚園でも成果を出している。保護者もRRSを活用し、学校でも家庭でも一貫したルールになっているのだ。

ＲＲＳは導入から１ヶ月で定着する。運用する前に、まず大々的に発表し、保護者に説明の手紙を送る。そして、さまざまな授業でＲＲＳについて話し合う。すると、導入から数日後には、全教師が指導の際に毎回ＲＲＳの話をするようになって、学校生活の一部になる。

きまりを学校生活になじませる方法

このきまりが生徒指導にのみ適用されてもあまり意味がない。例えばＲＲＳなら、次のような方法で学校全体になじませて、大人と子ども全員の行動指針にしていこう。

1. 学校のホームページで学校全体のきまり（この場合はＲＲＳ）をアピールする。
2. 「いつも準備ができている」「人に敬意を払っている」「安全を守っている」人をそれぞれ称える授賞式を行う。
3. 新しく来た先生には引き継ぎでしっかり教える。
4. 学校説明会や保護者面談でＲＲＳの説明をする。
5. 名札やバッジ、シールにＲＲＳと入れる。
6. ルールを守っている子どもの例をニュースレターで紹介する。

7．子どもがルールを守っている写真や絵を入り口に掲示する。

「それぞれの裁量に任せる」のは危険

学校やクラスのきまりを破ったときの対処法が設定されていないと、それぞれの教師が自己判断でバラバラの罰を与えて大変なことになる。運動場の壁に顔を密着させて立たせたり、子どもが嫌がる曲を居残りで聞かせたり、謝罪文を書かせたりと大人のやりたい放題だ。しかも恐ろしいことに、それが定着する。

もし問題が起きたときの対応が具体的に示されていないなら、一線を越えた罰を与える人が出てきても当然だ。

連帯責任

残念なことに、何か問題が起きたとき、いまだにクラス全員に連帯責任をとらせている学校がある。校長は、保護者に対してはそんなことはもうしていないと言うかもしれないが、子どもに聞いてみると、彼らは日常的に連帯責任をとらされている。

自分の行動を制御できない一部の子どもの責任を、クラス全員がとるという考え方は実にばかげている。多数派が少数派の行動に責任を負うという考え方もナンセンスだ。同時に、教師は子どもを指導する責任があるが、一部の子どもが問題を起こしたからといって、教師が責められるのも筋違いだ。

何度も連帯責任をとらせる人がいるのは、そのやり方に効果がないことの証。クラス全員の休み時間をなしにしたところで、何の問題解決にもなっていない。自分の行動の責任を他人にとらせた当事者の子どもは王様のようなものだ。連帯責任をとらせることで、その子の〝地位〟がより強固になる。他の子どもに迷惑をかけるだけで、本人が改心や反省をするきっかけにはなりえない。かえって他の子が教師の不公平さを再確認するだけだ。むしろ、「こうすれば人を巻き込んでうやむやにできるのか」と学び、自由になった後で笑みを浮かべて出ていくだろう。

懲罰式に伴う経済的コスト

教師が感情的に子どもを指導するコストについては第4章で述べた。同じく、校風や教員研修の内容、指導方針によっても、無駄な経費が複数生じる。例えば、問題が起きたときの対応を居残りだけに頼っていると、カウンセリングの費用や、1日中違反者を捕まえるために走り回っている教師の人件費、居残りの監督に伴う人件費（ある学校には4つの隔離ブースがあり、年収3万5千ポンドの正規教員が各部屋に1人、1日中座っていた）、出席管理をする人の人件費、事務スタッフの人件費など、さらに費用がかさむ。実際、居残り指示書のコピー代だけで年平均2千ポンドかかっている学校もある[1]。

懲罰式を行う大規模な中学校では、生徒指導のためだけに人件費その他で年間15万ポンドも使っていた。しかも、その中には行動支援サービスや職員の研修費、身体的介入のためのトレーニング、カウンセリング、保護者と連携した取組、発達心理の専門家などの費用は含まれていない。それらを計上すると、金額は倍になるだろう。

悲しいのは、実際これだけの大金が使われているにもかかわらず、それが無駄になっていることだ。教師のスキルアップをサポートして校風を変え、対応に一貫性と安定感をもたせれば、罰に頼ることはなくなって、経費は大幅に削減できる。私が協力した学校の多くは、子どもとの対話を用いた指導を徹底した結果、1年間で93％以上の居残り削減に成功した。隔離ブースは不要になったため閉鎖し、教師が呼び出される回数も減り、学校全体が家族のような雰囲気になったのだ。

方針は1枚の覚書にまとめる

複雑すぎる、あるいは冗長なきまりにまつわる問題は、教師間でシンプルな「協働覚書」をまとめることで解決する。これは全員で同じ曲を歌うための歌詞カードのようなもので、日々の生徒指導をどう行うべきか、自分たちがどうふるまうべきかを思い出し、同じ目標に向かって協力するための大切なものだ。このような合意書がなければ、学校全体で一貫したアプローチをとることはむずかしい。

そして、この覚書が本当に効果を発揮するためには、学校にいる大人全員が取り決めに参

1：リッチモンドにあるクライスト・スクールの財務担当者に算出してもらった。

加する必要がある。全員で覚書をまとめきるまでには時間がかかるが——関係者を一堂に集めるだけでも大変だ——それに見合う成果が出る。それに、みんなで意見を出し合って話し合うことは、楽しい作業でもある。その後、全員で合意内容を守り続けるのが、一番むずかしい部分だ。

子どものふるまいを根本から変えるためには、全職員の指導方針が完全に一致していなければならない。この一貫した姿勢が、その学校の校風を築く土台になる。ただ、これは全員に一元的な指導法を強いるのではなく、みんなで助け合うことに合意をすることが目的だ。

校内をまわって、子どものふるまいに関するポスターや貼り紙をすべて集めてみてほしい。校内を隅々まで探してみてほしい。校長室のドアには「待って！　このドアをノックしなくて大丈夫？」、食堂には「失礼な人に食事は提供しません」という貼り紙もあるだろう。ある同僚は研修で他校を訪れたとき、「生徒との会話は禁止されています」という紙を受けとったそうだ。

一貫した生徒指導を推進するために、ルールは簡略化しよう。全職員で3つのルールの実現を追求し、指導の度に触れ、学校生活のあらゆる局面で推し進めて徹底的に強化しよう。教師がふるまいをどう変えるべきかや、よい行動は褒めること、一貫した手順を踏むことに全員で合意するための覚書だ。みんながそれを見て指導ができるように。素晴らしいふるまいを賞賛する方法、子どもが問題行動を起こしたときに使用する簡単なセリフ、子どもとの問題解決のための対話の仕方をみんなで共有しよう。

グレーのスーツを着た悪魔

イギリスの大きな継続教育カレッジで学校改革に携わったとき、ありとあらゆる違反行為に対する罰則がすべて記された、複雑過ぎて誰も理解できないような分厚い規則一覧を渡されたことがある。それは46ページもあって、どう考えても実施不可能なものだった。私が方針の簡略化を提案すると、２人の職員が不服そうな顔をしている。私も、グレーのスーツを着て官僚のようなネクタイを締めた、笑顔を見せない彼らのことが最初から気になっていた。

しばらくして、その２人が私には渡されていない「懲罰規定」なるものを隠していたことが発覚した。規則一覧とは別に、非常に複雑な懲罰関連のきまりをまとめたもので50ページもあった。その中には、退学に至るまでの無慈悲で機械的な一連の手順が記載されており、子どものニーズは完全に無視されていた。

懲罰規定を隠していた２人は学校運営事務のメンバーで、毎日そのルールにのっとって機械的に学生を処分する手続きを担当していた。それだけが彼らの仕事だったのだ。私はその場では懲罰規定を廃止せず、別の方法で対処することにした。そしていろいろ探っていくと、この2人は子どもと関わる仕事を望んでいたにもかかわらず、機械的な事務作業をせざるをえない状況に追い込まれていたことがわかった。元々彼らの方が学校の変革には前向きで、学生の定着率を上げたかったのだが、周囲の人間が子どもの成長よりも既存の方針に固執していたのだ。考え方を少し変えるだけで、みんなのためになるよい変化が起こせそうだった。

さまざまな受け皿を考える

子どもが問題を抱えてもがき苦しんでいるときに必要なのは、罰や厳しい表情ではなく支援だ。懲罰を用いず教え導き、支えてくれる人だ。つまり、決められた手順をただこなすのではなく、問題を解決してくれる人を必要としている。子どもに寄り添って必要なニーズを満たし、悪い行動を食い止めてくれる、共感能力の高い熟練した専門家。問題行動の裏には何らかの原因があると理解してくれる人。救いの手を差し伸べ、子どもを見捨てない人が欠かせない。

徐々に厳しい罰を与えていく厳格な懲罰式や警告書、懲罰会議は、子どもとの間にある溝を深めるだけだ。人は複雑な生き物なのだから、きまりが導入されても、すぐにそれに適応できるとは限らない。子どもの中には新しいルールを覚えたり、それを実行したりできるようになるまでに時間がかかる子もいる。機械的にみんなに同じ結果を強いる方針で指導していたら、排除される子どもの数が増えてしまうことに留意してほしい。

教室で取り入れるには

実践

そのきまりが誰にでも正確に伝わるかどうかは、廊下での指導に使ってみるとよくわかる。廊下で問題行動をとっている子を、そのルールで止められるだろうか。文言は固過ぎないだろうか。自然だろうか。「隣人を愛せ」は生きていく上で大切なことかもしれないが、子どもの指導には適しているだろうか。「隣人を愛しているならゴミを片付けなさい」とは言いにくくないか？　忙しくて疲れた大人がパッと言いやすいルールをつくろう。

留意点

□導入最初の数日間は何かとミスしてしまいがちだが、最初が肝心。焦らず自分のペースで着実に進めよう。変化を定着させる行為はマラソンと同じだ。失敗したり、一貫性を損なったり、元のやり方に戻ってしまったりした場合は、それを認め、謝ってやり直そう。

□ルールを増やさない。校内をまわって集めてきた古いきまりのポスターや貼り紙はすべて処分しよう。新しい方針がうまくいっても油断は禁物だ。少し目を離すと、新しい貼り紙――よかれと思って誰かが勝手に決めた新しいルール――が数日のうちに出てくる。放置していると雑草のようにあっという間に広がるので、目を離さないように。「私のクラスでは～してはいけません」という新しい貼り紙が出てきたら、学校全体の一貫性が損なわれる。その紙を貼った人と静かな場所で冷静に話をして、覚書の内容に戻るよう導いてほしい。

ポイント

□簡単なことから始めよう。明日学校に行ったら、複数の子どもにきまりや校則を覚えているか聞いてみる。

□「何をやめるべきか」と、自分や仲間に問うてみよう。単に「今までこうしていたから」という指導はなくしていく。

□覚書に関わる人全員に3つのきまりに関する意見を聞こう。導入時から本当の協力が得られれば、将来的に大きな成果を生み出すことにつながる。

□保護者にもきまりを共有しよう。

□「ゼロトレランス」や「言い訳しない」「越えてはならない一線」などの、よくある決まり文句を使わない。あなたの心には響く言葉かもしれないが、子どもにはまったく響かない。子どもが問題を起こしたときに、あなたがそれを「最低最悪の行為だ」と言ったところで、何の抑止力にもならない。大げさな言葉は、それを使う人が満足するだけだ。

筆者が15歳のときに受け取った通知表より

以前より問題を起こさなくなりましたが、自己中心的なところは変わりません。

CHAPTER II

1ヶ月の魔法

心から望むふるまいは、1ヶ月後に手に入る学校の書類棚やパソコンのハードドライブには、複雑にし過ぎて失敗に終わった生徒指導案が山のように眠っている。失敗の要因はいろいろあるだろうが、あまりに多くの取組を急いで実践すると、かえって成果が出づらくなる。そういう学校では、「やってみたけど何の役にも立たなかった」「あの子は昨日と変わらない」「あの子には何をしても無駄だ」という言葉が響き渡っている。

失敗した取組の中には、もう少しで成果が出るのに途中で諦めてしまったものもある。すぐに結果を出さなければというプレッシャーにおそわれたとしても、数日ごとに新しい方法を試すのはやめよう。子どもの行動を変えるのには時間がかかり、正しいふるまいを定着させるには、もっと時間がかかる。

1～2週間、ましてや1日2日で効果は出ない。たとえ2週間で成長の兆しや失敗の兆候が見えても正確な指標にはならず、もう少し様子を見る必要がある。状況が好転する前に一度悪化を経ることもある。早い段階で成功しても、最低1ヶ月は徹底的にその取組を続けないと効果は持続しない。

1ヶ月は重要な目安だ。新しい習慣を取り入れようとしても、数日では定着しない。1週間続けても、元の習慣に戻ることは努力もいらないほど簡単だ。しかし何かを1ヶ月続けると、新しい習慣が日常の一部になる。そうなると、意識して努力しない限り、元の習慣には戻れない。１ヶ月たつと新しい習慣が定着しているのだ。偶然元に戻るようなことはないし、たとえ戻ったとしても、新しいことを始めたときと同じように、今度は元の習慣に違和感を覚えるだろう。

目標は毎日見る

あなたが実現したいことを書き出して、この先１ヶ月、毎日目にするところに置いておこう。人は気まぐれ、かつ教師は多忙だ。何かを達成しようとしても、簡単に気が散る。１ヶ月の誓いを小さな紙に書いて財布の中に入れる、浜辺で拾った石に書いて持ち歩く、リボンに書いてネックストラップに結ぶ、付箋に書いて車のダッシュボードに貼り付ける、小さなシールに書いて携帯電話の裏に貼り付ける。それを毎日目にする度に誓いを思い出せば、その目標を１ヶ月間貫く決意を固められる。

教員研修の後に何かを決意しても、それを書いて計画し、誓いを立てて実行しない限り、翌日には忘れてしまう。毎日その誓いを思い出し、目標に意識を向ける時間が必要だ。目まぐるしい日常から顔を上げ、自分が望むものを粘り強く追い求めよう。

私は「1ヶ月で新しい習慣が身につく」と知ったとき、学校で試す前に、自分自身に試してみようと思った。恥ずかしいことに、私は甘いものが大好きなので、限界まで砂糖断ちをしようと決意したのだが、最初の数日間は大変だった。映画『トレインスポッティング』に出てくるドラッグ断ちをした登場人物と同じような状態だ。スイーツや甘いお菓子が食べられず、コーヒーもブラックしか飲めないため、違和感しかなく本当にきつかった。

しかし数日後にはチョコレートの幻覚を見なくなり、周りの変化もたくさん起きた。まず、身近にいる人たちは私に甘いものをもってこなくなり、妻が台所の棚に入れる食べものも変わった。そして私の子どもは2人とも自主的に砂糖をやめると宣言したのだ。私の決意が、すでに他の人の行動を変えていた。そして無事に1ヶ月の砂糖断ちに成功。もちろん目標を達成したことは嬉しかったが、その頃になると砂糖をとらないことが当たり前になっており、砂糖をとることを想像すると違和感を覚えた。砂糖をとらない方が楽だったので、そのままの生活を続けた。何の苦労もなく2ヶ月がたち、あっという間に半年。クリスマスのときも砂糖をとらなかった。最終的にはホワイトチョコレートのトリュフを食べて砂糖断ちは幕を閉じたのだが、13ヶ月もの間砂糖をとらなかった。「結局失敗したじゃないか」という指摘は勘弁してほしい。私も人間だ。その後肉断ちにも挑戦し、スペイン風焼き鳥で誓いが崩れるまで1年間継続した（自分でもわかっている。少し食べるのが好きすぎる）。

新しい習慣を永久に定着させようとは思う必要はない。1ヶ月を目標にすると、その習慣が定着して、結果的に1ヶ月以上続く。私が関わった学校でも1ヶ月間の取組を始めて、それが数年経った後でも続いているところが数え切れないくらいある。ある学校では、最初に関わってから5年たった後でも、誓いを書いたリボンが名札に結んであった。

挨拶

見るからに危険な匂いのする子だったショーンは、見た目どおりの少年だった。彼に出会った頃の私はまだ若く、経験の浅い教師。かたやショーンは筋金入りのプロだ。クラス全員の前で教師の威厳を一瞬でぶち壊せる力をもっていた。きまりやシステムではなく、人を見て従うタイプだったため、彼のゾッとするような行動を減らすための信頼関係を形成するには長い時間がかかった。

あるとき、地元の大学から教育実習生が来て、私が指導を担当することになった。彼女もショーンが対応のむずかしい子どもだということを見抜き、数日間いろいろな授業を見学して、ショーンが比較的おとなしくしている授業がいくつかあること、その中に私の授業も入っていることに気づいた。そして、ショーンのいるクラスで授業をするのが不安なので〝ショーン対策〟を教えてほしいと言う。私は、「そんなものではどうにもならない。他の子には〝対策〟的なものが使えても、ショーンには効かない。彼を見かけたら挨拶するといい」と勧めた。彼女は渋々1週間だけ試してみることにした。

金曜日、ミーティングに来た彼女はガッカリしている。「効果はありません。ずっと無視されるんです」と言うので、もう1週間だけ試すことを提案したが、彼女は冷めた様子だった。「私は言われたとおりにやりました。お願いです、彼の指導方法を教えてください」と言って聞かない。そこをどうにか説得して、もう1週間だけ挨拶を続けてみることになった。

2週目に入ると、ショーンは彼女が意図的に近づいて来ていることに気づいた。彼女が見えると急に踵を返し、完全に彼女を避け始めたのだ。その週の終わりに、彼女はまた〝対策〟を教えてくれと言いに来た。私には秘密の必殺技があるのに、それをわざと教えないのだと思っていたのだろう。確かに私は子どもの行動を変える方法を知っていた。ただそれを直接的には教えていないだけだった。

「あの子は私を侮辱しています!」と彼女は文句を言い始めた。「まあまぁ、そんなことを言うのはまだ早い。まだまともに口もきいていないのに、そんなに怒ることはないよ。あと1週間、1週間だけ試してくれないか?」と私は説得した。彼女はやりたくないと言ったが、どうにかなだめて、もう1週間だけがんばることになった。

月曜日に食堂で列に並んでいるとき、彼女はショーンに挨拶したが、顔をそむけて無視された。火曜日、校門で握手をしようと手を出したら、振り払われた。しかし水曜日、廊下ですれ違ったときにショーンは彼女の方をふり返って、「どうして俺に挨拶するんだよ」と言い、ずっと閉じられていた心の扉が開いたのだ。彼の中で、「この人は他の教師と違うかもしれない」「自分を見捨てないかもしれない」「普通に付き合えるかもしれない」という思いが芽生えた瞬間だった。

その1週間後、2人は仲良く食堂で昼食をとっていた。他の教師は2人の姿を見て驚き、中には彼女を心配して、「僕たちのテーブルに来て一緒に食べない？」と声をかける人もいた。しかし彼女は、「ありがとう。でもショーンと食べたいから」と言って誘いを断っていた。

そして1週間後、彼女が授業をすることになった。ショーンが教室に入るとクラスがざわめき、彼女が「静かに」と言うと、ショーンがクラスメートに向かって「おい、黙れ。この先生は大丈夫だ」と言ったのだ。

ショーンのような子は、まず自分が尊敬する人に従い、それからきまりに従う。きまりや罰で締めつけても、驚異的な力でかみ砕いてあなたに吐き捨てる。しかし謙虚な気持ちで敬意と寛大さをもって接すると、どんどん協力的になる。

1ヶ月の誓いを立てて毎日少しずつ積み重ねると、必ず効果が表れる。あなたの日々の習慣が、子どもの行動を変える。教育の現場で不足しているのは、アイデアではなくそれを継続する時間だ。1ヶ月の誓いを達成すると覚悟を決めてほしい。誓いを書いて目につくところに置き、他の人、できれば子どもたちにもその決心を共有して、目標達成の日を忘れないでほしい。

1ヶ月の誓いの例

1. 毎日握手で子どもを出迎える。
2. 子どもの自己肯定感と自信、帰属意識を高める。
3. いいねカードを使う。
4. 表彰掲示板を使う。
5. きまりをシンプルにする。
6. 怒鳴らない。
7. まず正しいふるまいに目を向けるようにする。
8. 悪いことをする子に注目を集めない。

9. 優れた行いをみつけて褒める。
10. 子どもたちに高い期待を込めて3つのきまりを決める。
11. 指導をする際、否定的な感情は一切排除する（表に出さない）。
12. 子どもが問題行動をとったときは、まず30秒の指導で介入する。
13. 指導のセリフを毎日練習する。

1人で実践する誓いは、いつでも放棄できる。しかし複数の同僚と一緒に誓いを立てると、弱気になったときに支え合えるため、目標を達成する可能性が高まる。最低2人の同僚と同じ誓いを立てて実行してみよう。お互いに助け合い、励まし合いながら、前進するよりも後退する方が楽に思える向かい風を乗り切ろう。

「もっと罰を！」という声が聞こえたら

我々教育アドバイザーは、危機に瀕した学校に赴き、指導方針や方法を変える支援をしている。実際にある学校で、Ofstedの査察官が指摘した大きな問題を是正するために教員研修を行なったところ、急速な進歩が見られた。劇的に一貫性が向上し、個別のニーズを無視した不条理な罰が減って、校風がよくなったと子どもと保護者は安心していた。

しかしそれから2週間もたたないうちにそこの校長が電話をかけてきて、以前使っていた懲罰式、つまり罰則や居残り、隔離ブースの使用を復活させることになったと言うのだ。「諦めるしかありません。地方教育当局が『このやり方ではうまくいかない。懲罰を使ったやり方に戻せ』と言っているのです」と気落ちしていた。

聞くところによると、新しい方針を導入した後、5人の子どもの行動が悪化し、地方教育当局は指導方針の変更がその原因だと考えたらしい。一方で彼らは、残りの785人の子どもが素晴らしいふるまいをして、誰かのためにドアを押さえたり、時間どおりに出席したりしていることは見ようとしていなかった。

その5人は以前から問題を抱え、悪いことをすることで周りの注目を集めていた。学校の方針が変わり、全職員が台本を使って冷静な指導をするようになったため、これまでのような関心を集められず、行動をエスカレートさせて大人を挑発していたのだ。

それは新しい方針がうまくいっている証拠にもかかわらず、地方教育当局は誤解したようだった。私は「このまま継続しましょう」と校長に言った。「今は過渡期です。このまま前進しましょう。その5人は、前の方針に戻すために行動をエスカレートさせています。以前のように注目を集められない今のやり方に不満があるのです。このまま進めて、地方教育当局の助言は無視しましょう」と。

校長は私の言葉を信じ、新しい指導方針を継続してくれた。上からの圧力に屈せず、自分が正しいと思うことを貫いたのだ。そしてその5人の子どもには慎重な対応をし、校長の熱意のかいもあって、その学校はピンチを脱した。新しい方針に抵抗していた子どもたちも落ち着き、教師は子どもの行動を冷静に見られるようになって、学校はどんどんよくなっていった。今や地方教育当局はその学校を成功例として紹介している。しかし、あと一歩で以前の懲罰式に戻るところだった。

新しいやり方をすぐに諦めたり、早急に優先順位を変えたりして成功の機会を逃した学校、クラスはどれくらいあるだろう。あなたが目指す学校やクラスは1ヶ月後に実現する。ほとんどの場合が10日もたたない内に諦めてしまうだけなのだ。

留意点

□1ヶ月で達成できないような、非現実的な目標を立てない。問題の多い中学校で「生徒全員が完璧なふるまいをする」という目標を立てるのは、いささか無理がある。ケンカの多い学校であれば、「暴力をふるわない」ぐらいの方が、現実味があっていいだろう。

□目標が達成できなくても子どものせいにしない。「来週末までにきちんと整列できるようにならないと困る」と焦っても、子どもには当たらないように。期日のプレッシャーは、子どもには関係のないことだ。

□ぴったり1ヶ月でやめない。あと3日あれば達成できるかもしれない。クラスや子ども、状況によっては、1ヶ月より少しだけ時間がかかることもある。1ヶ月たったら、いちど進捗状況を確認しよう。達成率は9割？　それとも2割だろうか？　その答えによって次の動きを決めてほしい。新しいふるまいや習慣が定着する一歩手前で諦めるのは、あまりにももったいない。

ポイント

□定期的に、その時点での課題を書き留めておこう。データや事実を交えて正直に書いてほしい。困難にぶつかったり、何も進展がないと思ったりするときに、この記録が大きな支えになる。スタート地点をふり返ることで、歩みがどんなに遅くても、相当な距離を進んできたことがわかる。

□1ヵ月たったら、特別な方法で同僚と進捗状況を共有しよう。進み具合を表すデータをトイレのドアの内側に貼るのもいいし、お菓子と一緒に配ってもいいだろう。お祝いだ。

結びに

子どもの行動を変えたいと思うなら、唯一確実な方法は、まず大人の行動を変えることだ。私たちが安定感をもって子どもと向き合うことができれば、変化にも柔軟に対応でき、困難な状況に耐え、冷静な判断が可能になる。根気強く思いやりをもって、子どものやる気を高める。怒りに駆られそうになっても、ぐっとこらえて子どもを守り、温かく穏やかな環境をつくって信頼関係や心のつながりを形成する。そんな大人が自分に求める基準は常に高く、子どものふるまいが悪いからといって、その基準を下げたりしない。子どもが抱えるむずかしい問題に対応している大人は、人を変える前に、まず自分を変える。

そういう大人が学校に増えれば、大人も子どもも、どこまでも伸びていけると信じている。

謝辞

すべてを賭けて全力で取り組んでくれた英雄たち：ドロシー・トラッセル、マンディ・ハースト、ケビン・バチャン＝シン、ロス・マクギル、デイビッド・リゾウスキ、ポール・モーガン、マーガレット・ファレル、フィオナ・ワレス、マリア・デイビス、シャロン・パスコー、シーマス・オーツCBE、アレックス・アザートン、ダニエル・オコナー、サラ・キーランに感謝する。

非常に貴重なアドバイスをくれ、この本をまとめてくれたイアン・ギルバートにも深い感謝の気持ちを捧げる。

著者について

ポール・ディックスは、教師、指導者、教員トレーナーとして25年間教育に携わり、都会の荒れた小・中・高校、代替教育施設、高等教育機関で生徒指導革命を起こしている。学生時代は何度も勉強を放棄しかけたが、ケンブリッジのホーマートン大学で教育訓練を受け、卒業後は東ロンドンやヌニートン、バーミンガムにある教育困難校で勤務した。

現在は教育アドバイザー・生徒指導スペシャリストとしてさまざまな学校で教職員を指導する他、教職員行動規範に関する教育省への提言、教育特別委員会へのエビデンス提供、司法省と共同で若年受刑者のふるまいと扱いに関する多数の取組を実施している。子どものふるまいと評価に関する記事を250以上執筆し、著書は5冊出版されている。2009年にはある学校の教育改革に協力し、9ヶ月でOfstedの評価を「不合格」から「よい」に上げ、イギリスの優秀トレーナー賞を受賞。11の特別支援学校からなるマルチアカデミー・トラストの理事を務め、教育機関における隔離ブース反対活動も行なっている。詳しくは#BanTheBooths campaign(www.banthebooths.co.uk)を参照。

X(旧twitter)ツイッターのアカウントは@pauldixtweets。

訳者紹介

森本幸代（もりもと・さちよ）

翻訳者。訳書に『ボーン・フィ・デッド：ジャマイカの裏社会を旅して』（MIGHTY MULES BOOKSTORE）、『People Funny Boy』（JD Medusa）、『ＬＴ１：ジャマイカの性』（MIGHTY MULES BOOKSTORE）、『ＤＵＢ論』（水声社）、『ソリッド・ファウンデーション』（DU BOOKS）などがある。

子どもは罰から学ばない

2024（令和6）年 2 月20日　初版第1刷発行
2024（令和6）年10月25日　初版第5刷発行

著　者 ―――― ポール・ディックス
訳　者 ―――― 森本　幸代
発行者 ―――― 錦織圭之介
発行所 ―――― 株式会社東洋館出版社
〒101-0054　東京都千代田区神田錦町 2-9-1
コンフォール安田ビル 2F
代　表　TEL：03-6778-4343
FAX：03-5281-8091
営業部　TEL：03-6778-7278
FAX：03-5281-8092
振　替　00180-7-96823
U R L　https://www.toyokan.co.jp

本文デザイン・組版 ― 内藤富美子＋梅里珠美（北路社）
装　丁 ―――― 中濱健治
印刷・製本 ―――― 株式会社シナノ

ISBN978-4-491-05062-1／Printed in Japan